U0899115

中国流动人口发展报告 2012

REPORT ON CHINA'S MIGRANT POPULATION DEVELOPMENT

国家人口和计划生育委员会流动人口服务管理司　编

中国人口出版社
China Population Publishing House
全国百佳出版单位

编 委 会

课题组成员：（按姓氏笔画排序）

马学阳　马雅欣　王　晖　王军平　王阳阳
王　沙　王志理　王建国　向明勋　吕永安
齐嘉楠　孙梦莹　庄亚儿　刘　伟　杜　旻
李飞武　李　可　李成福　李沛霖　李洪省
李瑞峰　陈开元　陈志光　陈群民　邱辰龙
杨彦昭　张龙龙　张齐超　张　莹　张梅兴
郑诗泽　范　毅　林梦楠　周淑娟　姜　玉
姚　平　郭　戈　郭维明　桂江丰　徐　建
高文力　陶　椰　黄　跃　韩　枫　韩洁文
韩晓燕　韩　静　覃　民　谢永飞　窦学伟
樊　华　樊　妮　魏武强

序 言

2011 年，有关中国流动人口的两个数据引起社会高度关注，一个是 51.27%，另一个是 2.3 亿。51.27% 是中国城镇人口比重超过一半，城乡人口分布格局发生了历史性的变化；2.3 亿是全国流动人口的数量，比 2010 年增加 900 万，达到历史新高，流动人口占全国总人口的 17%，相当于每 6 个中国人就有一个在流动。

随着我国城镇化、工业化的推进，人口流动迁移将日趋活跃。党中央、国务院就加强和创新社会管理、全面做好流动人口工作作出一系列重大决策部署。2011 年 2 月 19 日，胡锦涛总书记在省部级主要领导干部社会管理及其创新专题研讨班开班式上明确要求，进一步加强和完善流动人口管理和服务，建立覆盖全国人口的国家人口基础信息库，建立健全实有人口动态管理机制。4 月 26 日，胡锦涛总书记在主持中共中央政治局第 28 次集体学习时发表重要讲话，将“引导人口有序迁移和合理分布，切实加强流动人口管理和服务”，作为新时期人口计生工作的六大重点任务之一，要求抓好落实。温家宝总理在 2012 年的《政府工作报告》中提出了一系列惠及流动人口民生和福祉的政策举措，强调要推进户籍制度改革，合理引导人口流向；推进农民工市民化，逐步将城镇基本公共服务覆盖到农民工。《国民经济和社会发展“十二五”规划纲要》、《国家人口发展“十二五”规划》和《国务院办公厅关于积极稳妥推进户籍管理制度改革的通知》，都对加强流动人口服务管理做出了具体部署。

2011 年，人口计生系统按照中央要求，加强流动人口计划生育服务管理，深入开展流动人口服务管理相关政策研究，取得了积极成效。一是大力推进全国“一盘棋”机制建设。经过3年努力，构建了全国流动人口计划生育信息交互共享平台，加强流入地与流出地的服务管理协调互动，到2011年末，基本建立了流动人口计划生育“统筹管理、服务均等、信息共享、区域协作、双向考核”的全国“一盘棋”工作机制。二是开展流动人口计划生育基本公共服务均等化试点，推动流动人口服务管理体制创新。加强顶层设计，明确流动人口基本公共服务均等化的基本内涵、主要内容和目标要求，49个试点城市积极建立流动人口计划生育基本公共服务经费投入保障机制。三是开展流动人口动态监测，及时把握流动人口生存发展状况。继续在全国范围内开展流动人口动态监测工作，调查内容包括流动人口的家庭结构、就业状况、居住情况、子女和计划生育服务、社会参与及心理感受等方面，国家和各省认真进行数据分析开发。四是开展引导人口有序流动、促进人口合理分布政策研究。围绕国家主体功能区规划实施和促进城镇化健康发展，对中长期人口流动迁移和聚集态势进行了预测、预研、预判，形成了引导人口有序流动与合理分布、促进人口城镇化健康发展的政策框架和思路建议；立足于加强和创新社会管理，积极借鉴德国及欧盟促进移民社会融合研究成果和实践经验，深化流动人口社会融合指标体系研究。

在上述工作基础上，我们编撰了《中国流动人口发展报告2012》（以下简称《报告》）。除总报告外，还有五个研究专题：一是流动人口生存发展专题。分析人口流量、流向及流动人口生存发展的最新变动趋势和对实体经济的影响，对生态脆弱地区人口流动迁移和少数民族流动人口问题进行探讨。二是流动人口社会融合专题。进一步完善流动人口社会融合指标体系，探讨地方户籍制度改革的新经验。三是人口管理和特大城市人口规模调控专题。比较世界各国特大城市人口发展和城市治理的经验，针对中国当前特大城市人口发展及流动人口服务管理中存在的问题，提出相关政策建议。四是流动人口计划生育专题。深入分析新生代流动人口婚恋、生育及流动人口计划生育服务管理情况，总结各地推进流动人口基本公共服务均等化的实践经验。五是中德项目合作专题。汇集中德人口挑战和社会融合合作项目在移民管理、城镇化、家庭发展方面的研究成果。附录部分收录了2011年7月至2012年3月流动人口服务管理大事记、2011年全国流动人口基本情况、流动人口动态监测调查说明、流动人口动态监测调查主要数据，以及2012年流动人口春节返乡意愿、春节后返回情况的电话调查数据和分析。

自2010年起，我们每年编撰《中国流动人口发展报告》。我们的目的，一是积极倡导以人为本的发展理念，推进基本公共服务均等化，促进流动人口社会融合；二是紧紧围绕国家重大战略规划和影响流动人口生存发展的重点政策，为党委政府决策提供参考和支持；三是向社会公开全国流动人口动态监测调查数据，以期通过与使用者的交流互动不断完善调查制度，吸引更多专家学者研究人口迁移问题，促进学术繁荣。2010年和2011年的《报告》受到了政府相关部门、研究机构和社会各界的广泛关注和来自国内外读者和媒体的积极评价。我们对来自各方面的鼓励和支持表示衷心的感谢！并诚恳地希望社会各界继续关注2012年的《报告》。

国家人口和计划生育委员会流动人口服务管理司

2012年5月

Preface

Two figures aroused broad public concern in 2011. One was 51.27%, which showed that the proportion of urban population in China had surpassed half of the total population and thus a historical change had taken place with regard to urban and rural population distribution. The other was 230 million, which referred to the number of migrant population in China. This figure was 9 million more than that in 2010 and reached a new high in the history. This means migrant population now accounts for 17% of the total population in China. In other words, there is 1 migrant in every 6 Chinese.

In the wake of urbanization and industrialization in China, migration will be increasingly frequent. To enhance and innovate the administration of society and migrant population, the CPC Central Committee and the State Council have initiated a series of momentous decisions and arrangements. On February 19th, 2011, President Hu Jintao made an important speech at the opening ceremony of a seminar on social administration and innovation for major provincial and ministerial officials, clearly requiring them to further strengthen and improve the administration and services for migrant population, and establish a national population information database that could cover the whole population of China as well as a dynamic mechanism to manage the existing population. On April 26th, 2011, President Hu pointed out that "guiding the population for orderly migration and rational distribution while earnestly strengthening the administration and services for migrant population should be one of the 6 most important tasks of population and family planning work in a new era", when presiding over the 28th collective study of Political Bureau of CPC Central Committee. Premier Wen Jiabao proposed a series of policies to benefit the livelihood of the migrant population in the 2012 *Work Report of the Government*, stressing that the reform of household registration system should be put forward in order to reasonably guide the flowing direction of population, and basic public services in cities and towns should be delivered to migrant workers step by step so as to help them acquire the citizenship in towns. In addition, specific arrangements to facilitate the administration and services for migrant population have been clearly stated in some important documents such as Outline of National Economic and Social Development during the Twelfth Five-Year Plan, Plan for National Population Development during the Twelfth Five-year Plan and Notification about Positively and Steadily Promoting the Reform of Household Registration System by General Office of State Council.

In 2011, in accordance with the requirements of central government, National Population and Family Planning Commission (NPFPC) intensified family planning services and administration of migrant population and initiated in-depth policy researches with positive results. Firstly, the establishment of an overall management mechanism in China was promoted. After 3 years of hard work, NPFPC had set up a platform for exchanging and sharing information on family planning services of migrant population in China, in the hope of enhancing the cooperation and interaction of administration and services between the inflow region and the outflow region. By the end of 2011, a national mechanism had been basically completed, which assembles functions like overall administration, equalized services, information sharing, regional cooperation and bidirectional assessment. Secondly, experiment units to provide migrant population with equalized access to basic public services in family planning were initiated, in an effort to promote the innovation in the administrative and services system. The 49 pilot cities had built a safeguard mechanism for fund investment to family planning services for migrant population, by enhancing the top design and clarifying the essential connotation, main content, aims and demands for the equalization of public services to migrant population.

Thirdly, dynamic monitoring of migrant population was carried out in order to timely grasp their subsistence and development situation. It was designed to carry out monitoring across the country, mainly to survey family structure, work status, housing conditions, children and family planning services, communal participation and mental feelings of migrant population. The data collected were used for analysis and further development by central and provincial institutes. Fourthly, NPFPC has launched policy researches aiming at guiding orderly population movement and promoting rational population distribution. By focusing on implementation of plans for major national functional zones and promotion of healthy urbanization, forecasts, advance researches and advance judgment on the trend of medium-to-long term population migration and congregation were carried out to come up with policy frameworks and proposals for guiding orderly population movement and rational population distribution and promoting healthy development of population urbanization, on the basis of enhancement and innovation of social administration. Meanwhile, by actively studying the research findings and practical experiences about enhancing migrants' social integration from Germany and EU, researches on the index system for social integration of migrant population were further strengthened.

Based on the work mentioned above, we have compiled *Report on China's Migrant Population Development in* 2012 (*Report* for short). Apart from the general report, there are 5 research subjects. The subject of subsistence and development of migrant population has discussed employment, labor security, income, consumption of migrant population, the left-behind elderly and migrant population of national minorities by analyzing the latest changing trend of flow volume, flow direction and subsistence and development of migrant population and their impact on real economy. The subject of social integration of migrant population has further improved the social integration index system of migrant population and discussed new experiences in the reform of household registration system from various regions. The subject of metropolis population administration has compared experiences of world metropolises in population development and city management, and proposed related policy suggestions targeting at problems existed in population development and services and management of migrant population in current metropolises in China. The subject of family planning of migrant population has made in-depth analysis of marriage and childbearing of the new-generation migrant population and family planning services and management of migrant population, and summarized their practical experiences in promoting equalization of basic public services for migrant population in different regions. The subject of Sino-German project cooperation has collected research results in such aspects as migrants administration, urbanization and family development of China/Germany Cooperative Project on Population Challenges and Social Integration. The Appendix has collected memorabilia related to administration and services of migrant population from July 2011 to March 2012, basic information of migrant population in China in 2011, explanation about the dynamic monitoring survey of migrant population, main data from the dynamic monitoring survey of migrant population in China as well as data from the telephone survey on return-home desire during Spring Festival of the migrant population and their condition of coming back to cities after Spring Festival in 2012 and the analysis of it.

In 2010, we began to compile *Report on China's Migrant Population Development* every year. We have three objectives. The first is to positively advocate the people-oriented development concept, facilitate equalization of basic public services and promote social integration of migrant population. The second is to provide references and support for the Party committee and government to make decisions, by closely focusing on significant national strategic plans and major policies that will affect the subsistence and development of migrant population. The third is to make public the data from the dynamic monitoring survey on migrant population, in the hope of continuously improving the survey system through exchange and interaction with data users, attracting more experts and scholars to study the issue of population movement and promoting academic prosperity. *Report* 2010 and *Report* 2011 have received widespread attention from related government departments, research institutes and various social sectors and positive assessments from readers and media both at home and abroad. Here, we'd like to express our sincere gratitude to the encouragement and support from all circles! We earnestly hope that people from all walks of life will continue to pay close attention to *Report* 2012!

Department of Services and Management of Migrant Population

National Population and Family Planning Commission of China

May 2012

目 录

总报告

一、流动人口生存发展专题

二、流动人口社会融合专题

三、人口管理和特大城市人口规模调控专题

Contents

Part Three. Metropolis Population Administration

Part Four. Family Planning of Migrant Population

Part Five. Sino-German Project Cooperation

Appendix

总报告

General Report

引导人口有序迁移，提升人口管理科学化水平研究报告

当前，我国已经进入转变经济发展方式、调整经济结构、全面加强和创新社会管理的重要时期。逐步使大多数流动人口稳定下来、在城镇和农村各得其所已经成为迫切需要解决的问题。深入了解流动人口生存发展状况，把握人口流动迁移和城镇化发展趋势，积极探索使流动人口稳定下来的路径和政策措施，提升人口管理科学化水平，对同步推进工业化、城镇化和农业现代化，促进人口与经济、社会、资源、环境协调可持续发展和维护社会和谐稳定具有十分重要的意义。目前我国已基本具备使大多数流动人口稳定下来的条件，应积极推进流动人口市民化，构建属地化的人口管理体系。

一、我国人口流动迁移基本态势分析

改革开放以来，随着我国工业化、城镇化快速推进，人口大量从农村向城市、从欠发达地区向发达地区聚集，人口流动迁移日趋活跃。受以现行户籍制度为基础的二元社会体制的制约，大量人口完成了地域转移而未实现身份转变，形成了规模庞大的流动人口①。2011 年全国流动人口达到 2.3 亿人，占全国总人口的 17%。未来相当长一个时期，我国仍处于城镇化快速发展阶段，农村地区、欠发达地区的人口将继续向城市和发达地区转移，流动人口管理和服务将面临更为严峻的挑战。

（一）我国正处于大规模农村劳动力向城镇转移和城镇间劳动力流动并存的发展阶段，农村劳动力转移速度将逐步趋于平稳

人口流动迁移是市场机制作用下劳动力要素有效配置的必然结果。

① 本报告采用“六普”对流动人口的统计口径，指离开户口所在地，跨乡（镇、街道）居住半年以上的人口，主要包括农村户籍流动人口和城镇户籍流动人口。

从发达国家的发展经验看，人口流动迁移伴随着工业化、城镇化的全过程。首先，在城镇化快速推进时期，大量农村劳动力由农业部门转向非农业部门，并由农村人口变为城镇人口。其次，在城镇化平稳发展阶段，劳动力作为生产要素在市场机制作用下自由流动，主要表现为一部分经济欠发达城镇地区的劳动力尤其是青壮年劳动力向就业机会更多、收入水平更高的城镇转移。我国城镇化虽然起步晚，但发展速度快。在不到15年（1997～2011年）的时间内，城镇化水平由30%上升到51%。乡－城流动和城－城流动并存，以乡－城流动为主，农村户籍流动人口约占流动人口总量的80%。随着人口和经济社会的发展，我国农村劳动力向城镇转移的步伐将逐步趋于平稳，城市户籍流动人口所占比重将有所增加。

（二）2020年我国城镇化率达60%左右，预计本世纪中叶进入城镇化平稳发展阶段

发达国家城镇化经验表明，一个国家（地区）的城镇化在经历了快速增长阶段后，就会在一定水平上保持相对稳定，各国进入稳定期的城镇化水平差异较大。综合考虑我国人口规模、资源环境禀赋、经济社会发展特征、粮食安全、边境安全等因素，预计我国将于本世纪中叶进入城镇化平稳发展阶段，城镇化率峰值[②]水平在70%左右。2020年城镇化率将达60%左右，城镇人口约为8.5亿。预计未来10年全国城镇人口年均增加1 300万～1 600万，其中，农村转移人口1 000万～1 300万。

（三）人口流向由东南沿海单向集中向多向集中转变，新增城市人口主要集中在国家重点培育的城市群和城镇化地区

近年来，由于东部地区劳动力、土地等要素成本上升，资源加工型和劳动密集型产业向中西部转移加快，中西部劳务输出大省出现人口回流。2011年，东部地区流动人口占比为78.8%，比2010年下降1个百分点，跨省流动人口占比为67.2%，比2010年下降2个百分点。未来10年，国家重点培育的19个城市群和城镇化地区将是城镇新增人口的重要吸纳地，预计将吸纳一半左右的城镇新增人口。我国人口分布将形成以3个都市圈、19个城市群或城市化地区为主要聚集区，以其他中小城市和小城镇（不在都市圈、城市群覆盖范围内）为聚集

② 本报告认为如果一个国家（地区）的城镇化率在一定时期内保持相对稳定，变化幅度很小，则把该城镇化率水平视为峰值。

点的空间形态（见图1）。

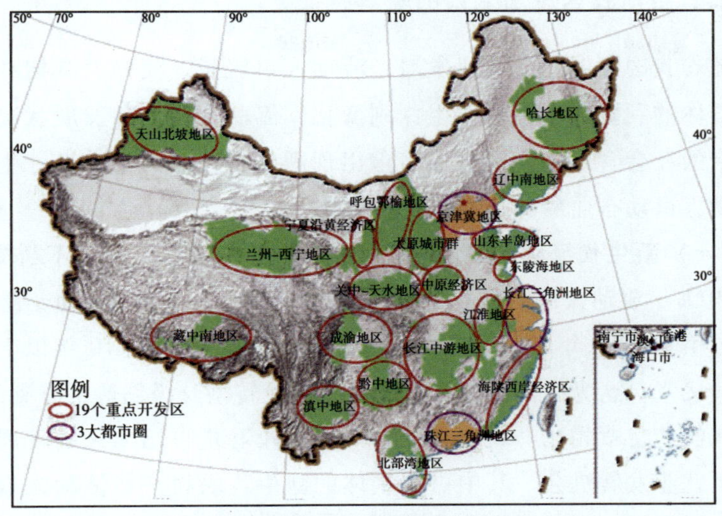

图1　中国城镇人口空间分布状态

（四）流动人口总量将在本世纪中叶达到稳定，农村户籍流动人口规模将达到2.6亿

根据城镇化、工业化进程和城乡人口变动趋势预测，若我国户籍制度没有大的改变，2015、2020、2030年，我国流动人口将逐步增长到2.5亿、2.8亿、3.1亿，农村户籍流动人口分别达到1.9亿，2.1亿，2.3亿。预计本世纪中叶，流动人口规模呈现稳定状态。届时，流动人口规模将达到3.5亿，其中农村户籍流动人口为2.6亿。

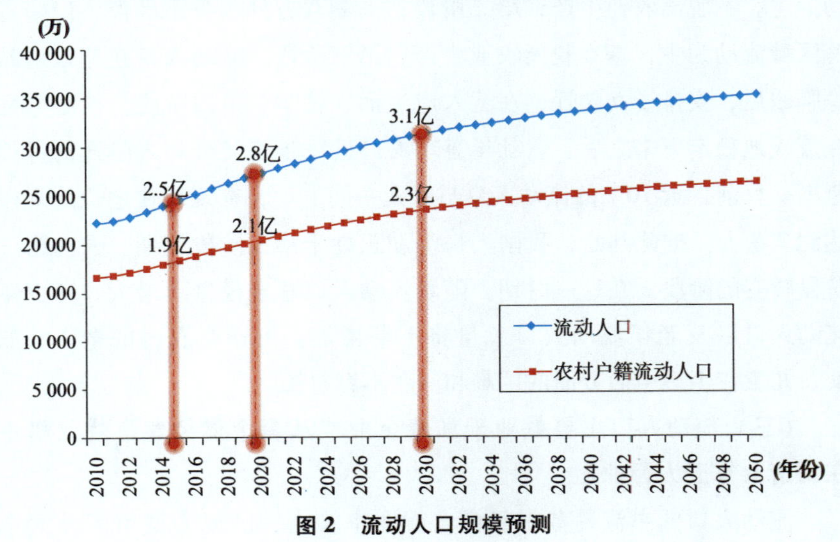

图2　流动人口规模预测

二、当前我国流动人口的基本特征

随着我国经济社会快速发展，流动人口流量、流向、结构和流动人口群体的利益诉求都在发生深刻变化，流动人口生存发展状况及其对政府的社会管理和公共服务需求出现新的特征。国家人口计生委近年流动人口动态监测调查和相关报表数据表明：

（一）新生代流动人口逐步成为主体，平均受教育年限不断提高

2011 年流动人口的平均年龄约为 28 岁，近一半的劳动年龄流动人口出生于 1980 年以后，他们的平均受教育年限达到 10 年以上，超过了其父辈，这为我国经济结构调整、产业转型升级创造了有利条件。而与他们的父辈相比，新生代流动人口比较看重自己未来的发展，注重体面就业发展机会。其中占据主体的新生代农村户籍流动人口，大多数在城市成长，基本不懂农业生产，即使经济形势波动，城市就业形势不好，他们也不大可能返乡务农。

（二）流动人口稳定性增强，逐步由单个劳动力流动向家庭化迁移转变

流动人口在流入地生活、就业趋于稳定。超过三成的流动人口在流入地居住生活时间 5 年以上。流动人口从事目前工作的平均时间接近 4 年。从人口流动的家庭化特征看，我国乡－城人口流动迁移大致分为四个阶段：第一阶段，流动人口利用农闲季节单身外出务工，以短距离流动为主，不脱离农业生产；第二阶段，夫妻双方外出务工经商，以跨省跨区域流动为主，基本脱离农业生产；第三阶段，流动人口在流入地站稳脚跟后，安排子女随迁，在流入地生活、就学；第四阶段，核心家庭在流入地稳定下来之后，青壮年流动人口进一步将父母列入随迁的考虑范围。目前，近 70% 的流动人口与家人一同流动，在现居住地户均规模达到 2.5 人。据此判断，我国人口流动正处于第二阶段末期、并向第三阶段转变的阶段。在这一时期，随着流动人口总规模继续增大，青少年流动人口以及老年流动人口总量将不断增加。留守在农村的老人、妇女、儿童在生产生活方面的困难和问题不容忽视。

（三）流动人口主要就业于私营企业或从事个体经营，就业集中在制造业等五大行业

流动人口的主流是务工经商，就业率较高，已成为城市劳动大军

的重要组成部分。从就业企业性质看，七成以上流动人口就业于私营企业或从事个体经营。从就业行业看，八成以上流动人口在制造、批发零售、住宿餐饮、社会服务、建筑等五大行业就业。总体上看，流动人口劳动时间长、强度大，而收入水平、劳动合同签订率和五险参保率均较低。流动人口主要工作的行业如制造业、建筑业等易受经济下行风险的冲击，其就业和收入状况存在不稳定性，劳动权益保护是需要重点加强的环节。

（四）流动人口收入增长较快，内部差距拉大

随着劳动力结构性短缺等问题的显现和保障农民工工资权益系列措施的出台，2011 年流动人口家庭人均月收入较 2010 年有了较大幅度提升。但流动人口收入水平内部分化严重，低收入流动人口面临生存发展和社会融合的双重困境。从 2011 年流动人口家庭人均月收入看，收入最高组与最低组相差 10 倍以上。流动人口在医疗、子女教育、社会福利等方面的困境将造成更多的城市贫困人口。社会歧视和社会排斥可能加剧城市内部的社会隔离，形成“城市二元结构”，成为影响城市社会稳定的隐忧。

（五）流动人口在流入地的消费水平明显提升，支出仍以食品、住房为主

2011 年，流动人口家庭在流入地的人均月消费支出为 1 029 元，较 2010 年增长了 13%，其中食品和住房支出在总支出中占 73%。在满足城市生活的必需消费后，流动人口将剩余的钱绝大多数寄回老家以供家庭成员的日常消费，或者在家乡盖房子。流动人口不仅扩大了流入地的消费内需，同时也带动了流出地消费水平的提高。由于尚未形成对未来生活的稳定预期，流动人口虽在城市生活，消费方式却未发生实质性变化。尽管新生代流动人口更倾向于接受城市的生活方式，消费率比老一代流动人口高，但与城市居民相比，流动人口仍具有较高的储蓄倾向。

（六）流动人口参加社会保险的情况有所改善，子女教育、住房影响流动人口在城镇稳定生活

随着城乡社会保障体系的日益完善，流动人口在现居住地和户籍地参加各类社会保险的人数不断增加。以养老保险为例，流动人口在现居住地参保的比例为 23.1%，在户籍地参加城镇养老保险和农村养老保险的比例分别为4.5%、10.5%。顺应农村转移人口进城的趋势，完善社会保障的转移接续制度，将流动人口纳入城镇社会保障体系，是提高流动人口福祉的必然要求。

众多调查表明，流动人口子女教育和住房是影响流动人口在城镇稳定生活的主要因素。目前流动人口子女义务教育基本得到保障，7到14岁义务教育阶段适龄流动儿童入学率超过95%，但流动人口子女高中阶段就学问题仍然突出。由于非本省籍流动人口的子女不能在现居住地参加高考，不少流动人口及其子女不得不返回户籍地。随着新生代流动人口进入婚育期，子女教育问题越来越成为他们主要关注的问题，子女在流入地城市受教育难的现实给他们的生活更添压力。住房问题是影响流动人口在城市稳定生活的另一因素。流动人口居住状况较差，覆盖流动人口的城镇住房保障体系尚未建立。在流入地，七成流动人口家庭租房生活，由政府提供廉租房居住的比例极低，仅占0.3%。

（七）流动人口主要集聚在东部大中城市，青睐于落户大城市

受区位经济发展优势影响，流动人口大都流向经济发达、就业机会多的东部大中城市。统计数据表明，流动人口七成以上分布在东部地区，八成以上分布在大城市与中等城市。全国吸纳流动人口较多的50个城市，集聚了60%以上的流动人口。直辖市、计划单列市、省会城市、地级及以下城市的流动人口分别占流动人口总量的13.2%、18.6%、22.3%、45.9%。

虽然农村户籍的流动人口大都表示愿意继续在城市生活，但由于土地、宅基地等原因，他们中的大多数（约60%）并不愿意转为非农户口。那些表示愿意“农转非”人员中，35%不愿意交回承包地；不愿意“农转非”人员中，34%是因为想要保留土地。希望在城市落户的流动人口中，约70%青睐大城市，中小城市对他们的吸引力不大。土地政策和子女教育是影响农村户籍流动人口落户城市的重要因素。接近一半的人愿意落户城市是为了子女获得更好的教育。在城市居住时间较长和新生代的农村户籍流动人口进城落户的意愿更为强烈。

（八）流动人口融入当地社会的愿望强烈，但社会参与渠道较少

大多数流动人口关心现居住地的发展和变化，愿意参与所在工作单位或所居住社区管理和选举活动，逐步融入当地社会。但流动人口与现居住地其他社会群体交流不多，社会交往仍局限在原有的亲缘、同乡、同学中，参加当地社会活动比例较低。80.7%的流动人口当前工作是通过自己或家人/亲戚、同乡/同学等社会关系找到的。35%的流动人口从未参加现居住地举办的任何活动。流动人口在现居住地参加选举、评先进以及业主委员会活动的比例较低，均不足10%。流动人口渴望利益诉求渠道不断畅通、社会参与渠道得到拓宽、业余文化精神生活不断丰富。

三、引导人口有序迁移，提升人口管理科学化水平面临的体制障碍

随着我国经济社会的快速发展，流动人口生存发展状况不断改善，能力持续提升，基本具备了使大多数流动人口在城市稳定就业、稳定生活的现实基础。近年来，各地在统筹城乡发展、推动流动人口市民化方面进行了积极探索，但深层次的体制机制问题仍没有突破，影响了城镇化的健康发展和人口管理科学化水平的提升。

（一）人口管理体制改革滞后，难以适应大规模人口流动迁移的需要

一是人口流动造成人口信息变更不及时，户政信息不准确，户籍制度的人口管理功能弱化。二是有关职能部门信息多头采集、分散管理，共享机制滞后，远没有达到“动态更新、覆盖全国实有人口”的要求。三是相关人口管理职能部门间沟通协调机制不健全。现有的人口管理基础信息无法为人口专项管理和公共服务提供有效支撑。与户籍制度挂钩的社会福利分配体系，使大多数流动人口不能享受与现居住地居民同等的福利待遇。在城镇化过程中，缺乏人口状况综合评估，人口发展规划没有行政约束力，尚未建立人口工作统筹协调的机制。

（二）财税、行政管理体制不顺，地方政府提供公共服务的能力和动力不足

一是目前地方政府收入主要来源于增值税、企业所得税等间接税，与包括流动人口在内的常住人口的居住、消费关联度较弱，不利于引导各地加强公共服务吸引流动人口长期居留。二是我国中央对地方的财政转移体系以专项转移支付为主，直接增加地方财力的一般性转移支付规模较小。尤其是针对基本公共服务类的转移支付体系尚不健全，区域财力差异严重制约着基本公共服务均等化进程。三是当前的财政

预算、行政事业编制设置基本上只考虑城市户籍人口，流入人口较多地方服务管理人员、公共服务经费、公共设施严重缺乏，为流动人口提供公共服务的能力不足。

（三）进城农民土地财产权益易受侵害，相关社会管理风险评估机制亟待建立

一是进城农民土地财产收益易被低估。农村土地权属关系不清，土地流转市场发育不全、征地补偿标准低，农民很难享受土地增值收益，更难以将其作为进入城市的资本。二是没有建立通过人口聚集带来的城市土地收益保障城市增量人口公共服务的有效机制。大量农民进城后失业和社会管理风险增加，容易形成新的社会不稳定因素。

（四）布局合理、功能完善的城镇体系尚未形成，中西部中小城市人口吸纳能力不强

一是大城市的人口空间分布不尽合理，城市的综合承载力受到影响。二是大城市和特大城市对周边中小城市的辐射带动作用不明显，产业、居住、公共服务等功能未向周边区域有效扩散。三是中小城市，尤其是中西部县城和中心镇，基础设施、生活配套设施薄弱，产业聚集和公共服务能力有限，对周边农村人口的吸引力、承载力都较弱。

四、引导人口有序迁移，促进人口城镇化的政策建议

使大多数流动人口稳定下来是现阶段经济社会发展的迫切要求，其实质是在推进人口城镇化的过程中统筹城乡协调发展，引导人口有序迁移、合理分布，加快流动人口市民化进程。基本要求包括三个方面：一是按照主体功能区战略和促进城镇化健康发展的总体要求，破除体制机制障碍，构建引导人口有序迁移、合理分布的制度体系，逐步使人口分布与生产力布局、资源环境承载力相适应。二是统筹推进农村户籍的流动人口进城落户和基本公共服务均等化。把有稳定劳动关系并在城镇居住一定年限的流动人口及其家属逐步转为现居住地居民。把暂不具备落户条件的流动人口纳入城镇公共服务体系，使其逐步享受与本地居民均等的基本公共服务，促进流动人口社会融合。三是在统筹城乡发展的过程中，吸引和留住各方面人才参加新农村建设，推进农业现代化。

总体目标是通过 20 年的努力，基本实现流动人口稳定下来的目

标，人口空间分布进一步优化，城乡、区域基本公共服务均等化基本实现。为此，需要以人口城镇化为重点，统筹推进相关领域的改革，主要建议如下：

（一）加快编制促进城镇化健康发展规划，制定差别化的人口迁移管理政策

加强顶层设计和统筹协调，以构建城市化战略格局、稳步推进农业转移人口转为城镇居民、增强城镇综合承载能力为核心内容，编制促进城镇化健康发展规划。以全员人口统筹管理信息系统（金人工程）和人口流动迁移监测调查情况为依托，结合各地经济社会发展战略和资源环境承载力，制定不同类型地区人口发展目标和政策，引导形成与全国主体功能区规划和城镇化战略格局相适应的人口分布格局。按照优先落户中小城市、逐步放开大城市落户条件、合理调控特大城市人口规模的原则，以在城镇稳定就业、长期居住和新生代流动人口为重点人群，制定不同类型城市化地区落户的条件。构建人口城镇化和流动人口市民化指标体系，加强规划编制、实施过程中的统筹协调以及实施效果的跟踪评估。

（二）以社会保障、住房和子女教育为重点，大力推进流动人口基本公共服务均等化

建立健全覆盖流动人口的社会保障体系。建立和完善社会保险转移接续机制，逐步提高社会保障统筹层次。优先推进流动人口参加工伤保险、养老保险和医疗保险。将长期工作、居住在城镇的流动人口纳入城市低保和城镇职工、居民社会保险，对生活困难的流动人口及其家庭，纳入社会保险补贴范围。健全包括流动人口在内的常住人口住房保障体系。把符合条件的流动人口纳入住房公积金制度。

建立健全覆盖流动人口的公共服务体系，使公共资源配置与人口分布变动趋势相适应。在提高优化开发区城市公共服务资源利用效率的基础上，加强重点培育的城市群和城市化地区城镇公共服务体系建设。逐步取消流入地职业教育、高考政策对流动人口子女的限制。进一步做好流动人口计划生育、疾病防控、适龄儿童免疫等各项工作。丰富流动人口的文化生活。

（三）促进中西部地区劳动密集型产业发展，拓宽就业渠道

国家出台企业异地搬迁技术改造资金补助、产业转移示范园

（区）企业税收减免等财税政策，引导东部产业向中西部地区梯度转移。支持中西部地区建设产业转移示范园（区）。中西部地区要利用劳动力成本优势，积极承接吸纳就业多的劳动密集型产业，吸引外出务工人员返乡就业、就近从业，由“移民就业”转向“移业就民”。

营造有利于服务业发展的环境。培养壮大生产性服务业，大力发展生活性服务业，特别是家庭服务业，加大服务产业和商业模式创新。降低生活性服务业和个体经营户税负，鼓励外来人员自主创业。支持流动人口从事城镇居民所需的生活服务型工作（如老龄服务），满足人口聚集带来的服务需求增长。

（四）加强职业技能培训和就业服务，提高流动人口家庭发展能力

加快发展面向农业人口的职业教育，逐步实现农村未能继续升学的应届初高中毕业生接受职业教育全覆盖。建立以统筹资金、校企联合、订学培训、直补企业等措施为主的流动人口培训机制，逐步提高劳动力素质。加强人力资源市场建设，为流动人口提供就业信息和咨询服务。确立支持流动人口家庭团聚的社会经济政策导向，进一步强化父母监护未成年子女的法律责任，制定有利于保护留守儿童、留守妇女、留守老人权益的政策措施，完善社会监督机制。利用社区平台和计划生育协会、人口福利基金会等群团组织帮扶济困、广泛联系流动人口的优势，及时了解流动人口利益诉求，化解矛盾。整合政府、企业、社会资源，开展帮扶活动，营造共同关爱流动人口的社会氛围。

（五）统筹推进财税、行政管理体制和土地制度改革

增强中央和省级政府在教育、社会保障等基本公共服务方面的统筹能力，按实有人口规模补助地方公共服务资金。提高基层政府保障能力，逐步减少间接税，建立以居民消费、居民财富为主要税源的地方税收体系，形成地方财政收入随人口聚集度增加而增长的机制。推进行政体制改革，赋予实有人口较多、经济总量较大的县城和小城镇更多的经济社会管理权限。

完善土地产权制度和集体土地征收制度，保护进城农民的土地财产权等合法权益。细化公益性和经营性用地范围，严格禁止非公益性用地的征地行为，逐步缩小征地范围。提高征地补偿标准，完善征地补偿争议协调机制。稳定和完善农村基本经济制度，保护进城农民对承包地、宅基地、农房的合法权益。鼓励进城农民将土地承包经营权、宅基地采取转包、租赁、互换、转让等方式进行流转。尊重农民处置资产的意愿，探索建立进城农民土地流转机制。

五、提升人口管理科学化水平的政策建议

当前，我国人口发展呈现出总量持续增长，结构性矛盾凸显、流动迁移活跃等特征。同时，社会阶层不断分化、社会利益关系日趋复杂、社会规范失灵、多元化社会服务需求迅速增长，都对人口管理提出了新要求、新任务。人口管理作为社会管理的一个重要组成部分，不仅包含对人口信息、人口行为及相关公共产品和服务的管理，也包含防范和解决由于人口因素和人口现象引致的社会问题；既要落实属地管理；也要加强流动管理。适应新时期人口和经济社会发展的需要，立足于加强和创新社会管理，必须确立以人为本、服务为先的理念，以人口发展规划为基础，以人口服务管理法规制度为保障，以人口基础信息管理系统为支撑，以基层社区服务管理平台为节点，构建属地化人口管理体系，不断提升人口管理科学化水平。

（一）确立人口发展规划的基础性地位，建立健全人口综合决策与统筹协调机制

健全人口发展规划与全国主体功能区规划、城镇化发展规划、基本公共服务规划等重大专项规划的衔接协调机制。通过有约束力的人口发展规划，统筹协调劳动就业、社会福利、义务教育、基本医疗、社会救济、计划生育、户籍制度等公共服务和社会管理方面的长期计划。指导各地在编制本地发展规划时，开展人口规模、结构、分布、素质等因素变化影响的综合性评价，建立重大工程项目人口评估机制和区域人口风险预警预报制度。

（二）完善人口管理法规制度，探索建立直接面向公民个人的福利体系

形成完善的人口管理法律体系。根据人口和社会发展的现实需要，并参照一些发达国家的经验，在完善现行相关法律法规的基础上，针对人口登记、家庭福利、农民权益保障、流动人口服务管理等制定有关的专项法律法规。完善人口普查、人口专项调查等与人口相关的社会调查制度。探索建立直接面向公民个人的福利体系。建立城乡统一

的人口登记制度。按照“一恢复、一减弱、一剥离”的原则推进户籍制度改革，恢复户籍仅仅作为人口登记和民事关系证明服务的原始功能，弱化户籍在配置行政资源、财税资金等方面的功能，逐步将居民公共服务享受资格与户籍剥离。建立以公民身份号码为核心的人口识别机制，使身份证成为衔接政府专项服务管理档案的工具，成为公民在居住社区登记、享受相关福利待遇的凭证。

（三）完善国家人口基础信息库，建立人口信息共享、动态更新机制

明确公安、人口计生、民政、卫生、人力资源社会保障、税务、工商等部门提供、获取人口信息的责任和权利，共同补充完善人口基础信息，形成以公民身份证号为基准、覆盖全国人口的国家人口基础数据库。整合基层工作力量，建立源头数据采集、比对、动态更新机制。建立全国统一、规范的人口信息代码和标准，构建以国家库为基础的跨部门、跨地区人口信息共享平台。

（四）完善人口流动迁移动态监测体系，构建人口分布管理决策支持平台

建立健全流动迁移人口生存发展状况和人口分布动态监测机制。立足城镇化背景下人口流动迁移管理的决策需要，进一步完善监测内容和指标体系，建立相关监测信息的共享机制。每年开展一次覆盖全国的抽样调查和部分地区的若干次专题调查，重点监测分析流动迁移人口的人口学基本信息、就业、居住、社保、计划生育和生殖健康等公共服务情况，以及社会参与、社会融合状况等，把握人口流动迁移状况和生存发展趋势。全面推进全员人口信息和流动人口动态监测信息资源的建设和开发应用。依托人口计生委全员人口统筹管理信息系统（金人工程），建设开发人口迁移分布和城镇化决策支持平台，系统评估人口分布合理性和流动人口的社会融合程度，为政府部门科学决策和公共服务提供信息支持。

（五）完善以社区为基础的人口服务管理网络体系，提升流动人口服务管理水平

建立和完善社区人口服务管理综合平台，具体承担人口登记、流动人口信息采集及各类社会福利、社会救济及其他有关公民权利和义务事项的落实。发挥社区资源整合功能，形成以社区居委会为基础，公安、人口计生、劳动保障为骨干，社会组织为补充“三位一体”的管理网络。强化流动人口聚集社区的工作网络建设，为流动人口提供更加便捷高效的服务。

一、流动人口生存发展专题

Part One. Subsistence and Development of Migrant Population

报告一

流动人口2011年变动趋势分析

基于2010年和2011年全国流动人口动态监测调查数据和各省（区、市）人口计生委统计数据，现对我国人口流动趋势及流动人口生存发展状况分析如下：

一、流动人口统计监测主要指标变化情况

（一）流动人口总量接近2.3亿，其中务工经商流动人口约为1.56亿

2011年10月1日零时，全国流动人口为2.29亿。其中，男性约1.15亿，女性约1.14亿。以务工经商为目的的流动人口1.56亿，其他原因流动的约0.73亿。

（二）东部地区流动人口所占比重略有下降，广东等六省市集中了全国八成以上跨省流入人口

2011年，东部地区流动人口占比为78.8%，西部、中部和东北地区分别为13.6%、6.1%、1.5%。与2010年相比，中、西部地区占全部流动人口的比重提高了0.4个和0.6个百分点，东部地区则下降了1.1个百分点。跨省流入较多的6个省市为广东、浙江、上海、北京、江苏和福建，分别占全国跨省流入人口的24.2%、23.6%、12.7%、10.5%、8.9%和7.0%，合计占86.9%[①]。

（三）制造业就业流动人口比重较上年下降2.4个百分点，私营企业吸纳流动人口比例下降12个百分点

珠江三角洲地区制造业就业流动人口比重由49.3%下降到44.7%，长江三角洲地区稳定在50%左右，环渤海地区由13.6%上升到19.6%。私营企业和个体工商户仍是吸纳流动人口就业最多的部门，但私营企业吸纳比例由50.4%下降到38.3%。个体工商户为35%

① 此数据来自“人口宏观管理与决策信息系统”（PADIS）。

左右，变化不大。从流动人口就业身份来看，雇员的比例由71.8%下降到66.2%，自营劳动者和雇主的比例分别由21.7%和5.2%上升到25.8%和6.6%。

（四）流动人口在现居住地平均居住时间超过5年，从事目前工作接近4年

跨省、省内流动人口在当地平均居住时间分别为4.7年、5.3年。环渤海地区最长为5.4年，珠江三角洲地区为4.6年。流动人口从事目前工作的平均时间为3.9年。流动人口全年平均回老家1.5次。

（五）流动人口家庭户在现居住地的平均规模为每户2.5人，租房居住的约占72%

流动人口家庭户中，近70%与配偶、子女或父母一同流动。65.3%流动人口家庭租住私房，租住单位/雇主房占6.0%，由政府提供廉租房的仅占0.3%。其余流动人口主要在借住房、单位免费提供的住房、自购自建房、就业场所以及其他非正规居所居住。

（六）流动人口家庭人均收入增加较快，食品、住房等占总支出比例高达73%

流动人口家庭人均月收入由2010年的1 847元增长到2 253元。农业户口、非农业户口、混合户口流动人口家庭，分别为2 119元、3 225元、2 242元。家庭人均月支出由896元增加到1 029元，其中食品支出由413元增加到493元，住房支出由244元增加到261元。

（七）社会保障参保比例稳中有升，医疗保险参保比例升幅较大

与2010年相比，流动人口养老保险参保比例保持稳定，由22.5%略有上升，为23.1%；医疗保险参保比例上升较为明显，由55.2%上升为64.3%；失业保险比例上升了3.1个百分点，为13.6%；生育保险参保比例略有上升，为9.9%；享有住房公积金的流动人口比例由4.1%上升为5.8%，增加1.7个百分点。

（八）流动人口就业主要依赖原有社会关系，参加现居住地社会活动比例较低

80.7%的流动人口的当前工作是通过自己或家人/亲戚、同乡/同学等原有社会关系找到的。农村户籍流动人口通过本地朋友、企业招聘会、互联网等社会网络资源找到工作的比例为17.0%，城镇户籍的该比例为34.2%。流动人口找到当前这份工作的平均时间为16.9天，城镇户籍流动人口比农村户籍流动人口找工作的时间更长，前者为20.1天，后者为16.3天。28.0%的流动人口参加过社区公益活动，26.7%参加过社区文体活动，参加选举以及业主委员会活动的比例较低，分别只有7.9%和3.2%。34.6%的流动人口从未参加过现居住地举办的任何活动。

二、流动人口服务管理中值得关注的问题

结合流动人口变动趋势和2012年经济社会发展形势，应高度重视以下问题：

（一）流动人口稳定性增强，相关公共服务需求增长较快

我国人口流动已由单个劳动力流动向家庭成员共同迁移转变，青少年流动人口以及老年流动人口增长加快。流动人口服务管理工作重心应由以劳动就业及相关维权为主，转变为服务维权和为流动家庭提供子女教育、社保、卫生、住房等公共服务并重。

（二）流动人口就业压力和“民工荒”并存，农民工权益维护问题突出

东部地区中小、微型企业受欧债危机等影响，吸纳流动人口就业能力下降，城镇地区就业压力加大。流动人口外出就业意愿并未减弱，采取打零工等不稳定就业方式的人员比例将增加。由于生活成本上升，流动人口预期工资只增不降，部分只能提供低薪的企业还会出现招工困难。此外，新增流动劳动力更愿意到大城市寻找机会，摩擦性失业时间和流动频次可能增加，将加大社会管理的难度。同时，部分中小企业经营困难，可能引发拖欠农民工工资的情况。

（三）流动人口低收入家庭比重大，社会管理风险增加

流动人口收入差异较大，家庭人均月收入700元以下的约占30%。物价上涨对低收入流动人口在城镇生活影响较大，近30%的流动人口对日用品价格上涨表示不满意。如果物价上涨势头得不到有效遏制，可能加剧低收入流动人口不满情绪，影响社会和谐稳定。

（四）流动人口融入现居住地愿望强烈，社会参与意识增强

流动人口很少有机会参与社区、企业管理活动，业余生活比较单调，与城市其他社会群体交流不多。但流动人口自身群体意识较强，尤其是新生代流动人口维权意识和社会活动能力均较强，需要健全畅

通流动人口利益表达的正常渠道。

三、相关建议

（一）支持中小、微型企业开展员工培训，鼓励流动人口自主创业、自谋职业

建立以用工企业为补贴主体的员工培训补贴制度，以扶持中小、微型企业发展，增强农民工培训的针对性和有效性；通过简化行政审批、税收优惠、费用减免等措施，支持流动人口从事城镇居民急需的生活服务型行业。

（二）制定流动人口困难家庭帮扶政策，将流动人口纳入城镇社会保障范围

适应农村流动人口进城的趋势，引导流动人口参加城镇社会养老保险，将符合条件的低收入流动人口家庭纳入城市低保，扩大失业保险对流动人口的覆盖率。

（三）充分发挥社区和群团组织作用，及时化解社会矛盾

利用社区平台和计划生育协会等群团组织帮扶济困、广泛联系流动人口的优势，及时了解流动人口利益诉求，帮助化解矛盾。整合政府、企业、社会资源，开展帮扶活动，营造共同关爱流动人口的社会氛围。

（四）加大对流动人口民生发展的督查力度，促进流动人口社会融合

将流动人口民生状况纳入政绩考核和重大事项督查范围，引导各地为流动人口提供基本公共服务，改善其生产、生活条件。

报告二

流动人口对中国实体经济发展的影响因素分析

实体经济是指物质、精神产品和服务的生产、流通等经济活动。实体经济直接创造物质和精神财富，是社会生产力的集中体现，也是社会财富和综合国力的物质基础。发达稳健的实体经济，对提供就业岗位、改善人民生活、实现经济持续发展和社会稳定具有重要意义，更是一个国家应对外部冲击的关键。

改革开放 30 多年以来，中国依靠丰富廉价的劳动力资源，充分发挥劳动力的比较优势，积极参与国际分工，在各项政策的综合作用下，取得了举世瞩目的成就，以制造业为主体的实体经济实力不断增长。联合国工业发展组织公布的数据显示，2009 年中国占世界制造业增加值的比重已经达到 15.6%，超过日本的 15.4%，略低于美国的 19%，跃居世界第二。“中国制造”产品行销全球，中国制造业中有 100 多类产品的产量居世界第一位。制造业成为中国经济长期增长的重要推动力，在扩大投资、促进消费、推动出口中扮演着不可替代的角色。2011 年中央经济工作会议提出，要“牢牢把握发展实体经济这一坚实基础”，实体经济的地位被提到前所未有的高度。纵观实体经济的发展进程，流动人口作为廉价劳动力的主体，在其中发挥了重要作用。因此，在当前促进经济结构调整的重要阶段，加强流动人口服务管理具有重要的战略意义。

一、中国实体经济面临的挑战

当前国际政治经济环境复杂多变，欧美诸国普遍把重归实体经济、推进“再工业化”战略提上产业结构调整的议事日程；中国国内经济也正处于产业结构转型的关键期，劳动力成本持续提高、劳动力比较优势逐渐弱化，中国的实体经济发展面临着巨大的挑战。

（一）中国实体产业在世界产业分工中处于不利地位

改革开放30多年来，中国的实体经济发展取得了重大成绩，但是同时也显现出一些问题。以在实体经济中占据重要地位的制造业为例，虽然经过30多年的发展，中国已经成为世界第二大制造业国，但是中国的制造业依然处于全球产业链的末端，拥有自主知识产权的企业不多，极大地限制了中国制造业在世界范围内的竞争力。据统计，2009年中国制造业劳动生产率仅为美国的4.38%、日本的4.37%、德国的5.56%[①]。中国制造业“大而不强”，离真正的“制造强国”还有相当一段距离。

（二）国际实体经济，特别是制造业竞争日益激烈

国际金融危机后，非实体经济受挫，全球制造业进入深度调整、加速整合的新时期，对中国的制造业转型升级形成倒逼机制。国际制造业竞争更加激烈，不仅新兴经济体和发展中国家想成为新的制造业中心，美国等发达国家也纷纷出台制造业重振计划，实施“重返制造业”的发展战略。

（三）实体经济成本压力日渐增大，企业利润空间受挤压

中小企业是实体经济的主要构成部分，但是最近一段时间以来，频发融资困难、民间借贷链条断裂等现象，以至于出现“温州之殇”，引起社会各界的广泛关注。造成这一困境的原因在于：国际金融危机造成市场需求萎缩；劳动力等生产要素成本不断提高；过度垄断和金融体制改革滞后使民间资本投资无门；实体经济与非实体经济投资回报反差巨大；中小企业转型资源不足；产业链上下游“两极分化”。多种因素叠加，使得发展制造业等实体经济的成本攀升，出现“空心化”的趋势。

（四）中国实体产业队伍不稳定，素质普遍不高

自20世纪90年代起，农村户籍流动人口就开始成为我国实体产业的“主力军”。国家统计局2009年农村户籍流动人口监测调查报告显示，在1.45亿外出农村户籍流动人口中，有39.2%，即5 682万人，就职于制造业，占中国全部制造业就业总人数的2/3。农村户籍流动人口就业的最大特点，就是专业性不强且流动性太大。由于人员

---

① 李长安．中国制造业面临五大挑战．重庆时报（电子版），2011年12月6日。

流动过于频繁，中国实体产业难以形成一支基本稳定的产业队伍。

综上所述，中国实体产业的发展，特别是世界制造业大国地位的确立，在很大程度上是建立在低附加值、低工资、低技术含量以及环境污染的基础上。在当前国际竞争愈演愈烈的背景下，这种发展模式难以为继。面对国际社会的挤压，保护本国实体产业的发展，真正实现从“制造业大国”到“制造业强国”的转变，其核心问题还是在“人”上，即在实体产业中从业的大量流动人口。

二、实体产业中流动人口从业状况

流动人口集中在实体产业中就业，在实体经济发展的过程中扮演了极为重要的角色。制造业、批发零售业、住宿餐饮业、社会服务业、建筑业五大实体产业吸纳了八成以上的流动人口。特别是在作为实体产业主体的制造业中，流动人口比例超过整个行业就业人数的2/3；而制造业吸纳的农村户籍流动人口占农村劳动力转移总数的一半左右。制造业代表了当前中国实体产业的发展，制造业中流动人口从业状况，基本体现了实体产业中就业流动人口的现状。因此，依据2011年国家人口计生委流动人口动态监测数据，本文对制造业流动人口的就业状况、教育程度、流动频率、收入水平、保障与培训状态进行分析。

（一）制造业从业比例最高，东部地区明显高于中西部

制造业是所有实体产业中吸纳流动人口最多的行业。在制造业就业的流动人口占37.4%，其中农村户籍流动人口占制造业就业流动人口的90.9%，明显高于其他行业。不同地区流动人口在制造业就业的比例差异明显，东部地区为43.7%，中部地区为8.7%，西部地区为9.0%。

（二）普遍只接受过义务教育，新生代教育水平有所提高

制造业从业流动人口平均受教育年限为9.3年，低于全体就业劳动年龄流动人口平均受教育年限（9.4年）。其中，制造业中农村户籍流动人口的平均受教育年限为9.1年，接受过高中/中专及以上教育的只有23.2%。制造业中农村新生代流动人口比例超过一半，平均受教育年限为9.7年，接受过高中/中专及以上教育的比例为30.4%。

（三）平均周工作时间较长，平均从业时间较短

制造业的从业流动人口平均每周工作6天，每天工作9.4小时，周劳动时间56.4小时，不仅远高于每周40小时的法定工作时间，而

且高于流动人口群体平均水平。制造业流动人口从事目前工作的平均时间为38个月，低于流动人口平均从业时间（46个月）。特别是制造业新生代农村户籍流动人口，平均从业时间仅为25个月，有44.6%从事当前工作的时间不足一年。

（四）月平均收入较低，但呈上升趋势

制造业流动人口的月平均收入低于其他各大行业。2011年，制造业流动人口的月平均工资为2 406元，和2010年的2 338元相比有小幅上涨，涨幅为3.0%。

（五）劳动合同签订状况堪忧，接受培训的比例较低

签订劳动合同，特别是有固定期限的劳动合同，有助于保护劳动者的合法权益。在制造业中，24.3%的流动人口未签订劳动合同，59.7%签订有固定期限的劳动合同，签订无固定期限劳动合同的比例为10.8%。在制造业从业的流动人口中，36.5%接受过政府、单位或专门机构组织的工作技能培训。而作为制造业未来主要力量的新生代流动人口接受培训的比例为37.7%，高于流动人口整体水平。

三、流动人口对中国实体产业发展的影响

通过对当前制造业从业流动人口的分析发现，流动人口在制造业等实体产业中就业，有利于继续保持较强的劳动力成本优势，对实体经济的发展有积极作用。主要表现在：

（一）流动人口规模不断增长，未来劳动力总量供给仍然充足

2011年中国流动人口规模达到2.3亿，近3年来，以每年1 000万的速度增加。大规模农村转移就业人口进入劳动力市场，对于保证实体产业劳动力供给具有重要的意义。虽然近年来一些沿海省份出现“用工荒”等现象，但是，据测算，中国劳动年龄人口规模在2016年达到10.07亿的峰值之后逐步下降，到2050年仍有8.85亿。

（二）新增劳动力素质快速提升，为实体产业优化升级储备大量人才

随着国家教育和人才发展规划的推进，流动人口的文化素质很大提高，特别是新生代流动人口，平均受教育年限超过10年。测算表明，具有高中学历的劳动者的劳动生产力水平是初中学历劳动者的

1.4倍；从企业角度观测，受教育程度每提高一年，劳动生产率就会上升17%。因此，以流动人口，特别是以新生代流动人口为主体的制造业等实体产业，在未来十几年中，仍然处于劳动力供给丰富的时期，并且国家大规模教育投资的收益将会更加凸显。

（三）工资增长低于劳动生产率的增长，劳动力比较优势依然存在

实体产业从业流动人口的工资水平一直较低，工资上涨具有补偿性和恢复性。近年来，虽然流动人口工资呈现持续上涨的态势，但由于工资水平涨幅低于劳动生产率涨幅，实体产业单位劳动成本优势仍然存在。以制造业为例，用单位劳动成本来衡量，中国制造业由1997年的17.7%下降到2006年的7.3%，与世界强国相比，优势反而增强。根据推测，中国劳动力成本优势至少还可以维持10年以上。这一时期无疑是制造业竞争优势由劳动力素质替代劳动力数量、建设制造业强国的黄金时期。

（四）中西部地区不断承接国内产业转移，将延续并拓展劳动力比较优势

作为典型的大国经济体，中国地区间资源、生产要素以及经济发展水平存在巨大差异。目前，在东部沿海地区从业的流动人口很大部分来自于中西部内陆地区。例如，2010年离开本乡镇6个月及以上的农村户籍流动人口达1.53亿，中西部地区占68.2%；中部地区农村户籍流动人口中跨省流动的比例为69.1%，西部地区为56.9%，其中大量的是流向东部沿海经济发达地区。中西部地区具有丰沛的劳动力资源。无论是工资水平还是单位劳动成本，中西部都具有明显的优势。随着中西部区域经济发展战略的实施，实体产业，特别是制造业向劳动力成本较低的中西部地区转移，将成为未来中国劳动密集型产业生存发展的方向，并将延续劳动力的比较优势，实现人口红利的梯度开发。

但是，由于大规模的农村转移劳动力不能在城市中稳定下来，对其职业发展较为不利，也不利于培育适应新型产业结构的劳动力队伍。主要表现在：

（一）流动人口职业转换频繁，不利于稳定产业队伍的形成

流动人口就业最大的特点是流动性强。相关研究表明，流动人口的职业转换频率要远远大于城镇居民，大约为城镇居民的5.7倍。其中男性农村户籍流动人口的职业变动最频繁，平均每年变动1.07次，即平均每年都要转换一次工作。以制造业为例，在一些制造业集中的地区，许多工厂不得不每年都大规模地招人，而工人频繁地辞职、入职，也给企业带来许多困难。由于从业流动人口职业转换过于频繁，中国制造业难以形成一支人员基本稳定的产业队伍。

（二）流动人口受教育程度低，不利于技术型产业的发展

中国的流动人口多数来自于农村，平均受教育年限为9.4年，接受过高中以上教育的不足1/4。以制造业为例，从业流动人口平均受教育年限仅为9.3年，即便是新生代流动人口，平均受教育年限也不超过10年，只能从事一些技术含量低的工作。由于文化水平不高，中国很难依靠流动人口发展技术性产业。

（三）流动人口缺乏长远职业发展规划，不利于人力资本的提升

流动人口职业转换频率较高，文化知识水平较低，因而对自己的未来职业缺乏长远的规划。现有的政府培训和短期培训，针对性不强，接受培训的流动人口数量不多，效果也不明显，造成实体企业人力资本提升的困难。

四、相关的对策和建议

（一）加大人力资本投资，培育适应制造业发展需求的产业工人队伍

中国流动人口中，农村户籍的在八成左右，他们的文化素质和劳动技能很难适应产业经济转型和升级的需要。当前“用工荒”和就业不足并存的状况，反映了中国劳动力市场的供求结构性失衡、教育资源城乡不均、教育培训与市场需求脱节等突出问题。应针对存量与新增劳动力的不同特征，加强职业培训，提高劳动者的技能。一是加强国家对职业教育的投入，对未能进入高中阶段学习的适龄人口实行免费职业培训，对新增劳动力实行严格的就业准入制度；二是发挥企业对在职工人技能培训的主体作用，通过企业培训成本税前列支、补贴部分农村户籍流动人口培训支出等措施，建立企业培训激励机制；三是健全劳动者终身职业培训和技术等级评定体系，提高技术工人的待遇和社会地位。

（二）提高劳动者福利待遇，构筑社会安全网

由于城镇化和工业化的交织推进，社会事业发展长期滞后，中国劳动者，特别是农村户籍流动人口福利待遇不高，保障不足。提高劳工者的待遇，不仅是改善民生、扩大内需的要求，也是提升劳动者素质、增强其市场竞争能力的重要保障。一是大力推进分配制度改革，稳步提升工资在 GDP 中的份额，建立工资增长监测机制；二是建立健全教育、医疗卫生、劳动就业登记等公共服务制度，完善覆盖所有人群的社会保障体系；三是统筹解决农村转移劳动力在城镇的生存发展问题，将职业技能培训与进城落户、就业和享受城镇福利待遇相结合，使农村户籍流动人口转变为能够在城镇稳定就业、具有长远职业规划的产业工人。

（三）引导产业有序转移，优化实体产业结构和空间效应

近年来，由于中央政策的倾斜和资金的扶持，中西部得以快速发展。但是，以劳动力和资源优势为基础的产业调整并没有大规模出现，中西部劳动力依然向东部地区周期性流动，带来巨大的劳动力迁移成本。应通过政府引导和市场机制，实现东、中、西部地区产业梯度转移和升级。一是根据地区优势，优化制造业与劳动力、资源环境的空间匹配，形成符合国家主体功能区划分的产业分布格局；二是引导劳动力有序转移，就近城镇化，减少劳动力流动频繁的现状，提升实体企业的利益空间；三是发挥实体产业对国民经济的支撑作用和对周边地区的辐射作用，带动上下游企业联动发展，形成具有地区特色的产业集群，有效提高整个地区的经济水平。

报告三

农民工工资状况分析

随着中国经济的发展，农村劳动力外出规模呈不断增大趋势。外出从业不仅改善了农村劳动力资源配置，提高了农民收入，而且促进了我国经济总量的增长和经济结构的调整。本文根据2011年国家人口计生委流动人口动态监测数据，对当前农民工工资水平、差距及其影响因素进行分析。

一、农民工工资的总体情况

本报告所称的农民工指在当地城市居住一个月以上，非本县（市）户口，农村户籍，雇员身份，16～59周岁的外来务工人员。监测数据显示，2011年农民工月工资中位数是2 000元，均值是2 240元，最低是200元。在工作时间上，农民工平均每周工作6.1天，每天工作9.2个小时。图1表明，农民工工资主要集中在1 500～2 500元之间（47.4%）。1 500元以下的占17.8%，在2 500～3 500元之间的占24.0%，6.9%的农民工的工资处于3 500～4 500元之间，月工资在4 500元以上的农民工只占3.9%。

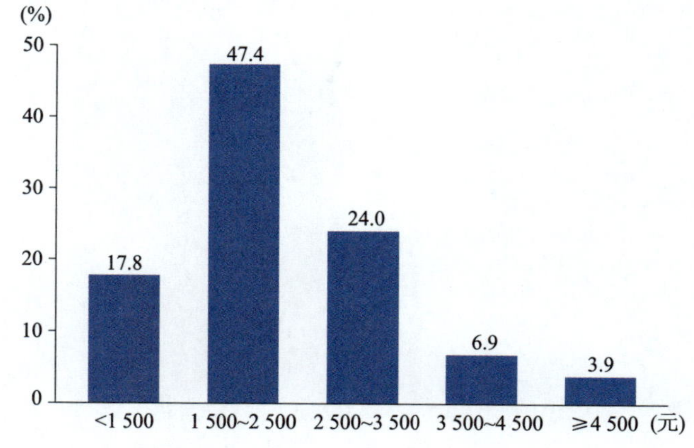

图1　农民工工资的分布

表1给出了6种农民工工资不平等指标值。总体上讲，雇员身份的农民工工资不平等程度较低。其中，基尼系数只有0.241①。这一方面是因为外出打工的农民工在年龄、受教育程度和技能等禀赋上具有较大的同质性，另一方面也反映出农民工面对的劳动力市场的竞争程度很高。

表1　农民工工资的不平等程度

不平等指标	指标值
基尼系数	0.241
平均对数离差	0.098
变异系数	0.505
泰尔指数	0.102
最高10%与最低10%之比	4.832
最高20%与最低20%之比	3.363

二、农民工人口、就业特征与工资差异

（一）性别、年龄与工资

男性农民工工资高于女性农民工，幅度达到34%。结合表2和图2，农民工工资在16~30岁之间随着年龄增加增长较快，在31~35岁之间缓慢地达到最高点，50岁后呈加速下降态势，但仍略高于16~20岁年龄组。

男性农民工工资最高点也在31~35岁之间，女性农民工过了30岁工资就开始回落。农民工工资的性别差距在不同年龄组上的表现存在差异。16~30岁之间性别工资差距随着年龄增高而拉大，男性农民工工资随年龄增高而上升的幅度高于女性。30岁以后，由于男性农民工工资继续上升，而女性农民工工资却下降，性别工资差距进一步拉大，到36~40岁之间达到最大值，男性农民工工资约为女性的1.5倍。40岁以后，男女农民工工资差距虽有所缩小，但减幅不大。

---

① 基尼系数之所以较低，很大程度上是因为此处统计的对象是雇员身份的农民工，不包括雇主、自营业者等其他就业身份的人群。

表 2　不同性别和年龄段下的农民工工资

		分布(%)	均值(元)	相对数	标准差	基尼系数	泰尔指数
性别	男性	59.2	2 500	134	1 223	0.233	0.095
	女性	40.8	1 862	100	848	0.219	0.084
年龄	16～20	10.5	1 802	100	712	0.201	0.069
	21～25	22.3	2 118	118	881	0.212	0.077
	26～30	17.6	2 413	134	1 196	0.242	0.102
	31～35	14.7	2 424	135	1 384	0.252	0.115
	36～40	15.3	2 358	131	1 185	0.251	0.107
	41～45	11.4	2 268	126	1 260	0.251	0.113
	46～50	5.6	2 238	124	1 052	0.244	0.099
	51～55	1.8	2 085	116	950	0.238	0.094
	56～59	0.9	1 922	107	928	0.254	0.106
全部	—	100	2 240	—	1 130	0.241	0.102

注：相对数指各类别的工资与工资最低的类别（=100）的比值，下同。

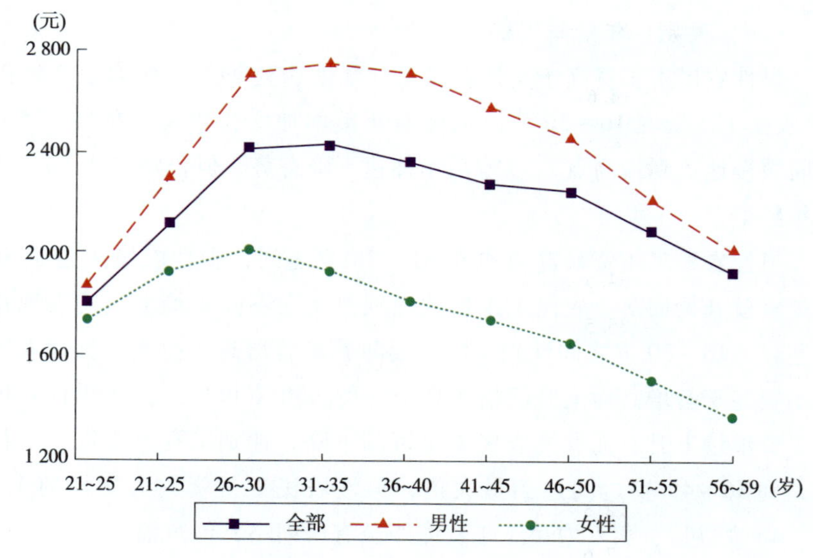

图 2　不同性别下各年龄组农民工的工资水平

（二）教育、培训、工作经历与工资

受教育水平是人力资本的重要指标。从表 3 可知，在农民工中，初中文化程度的占近六成（57.7%），高中、中专文化程度的约占两

成，大专及以上文化程度的只占5.3%。接受培训是农民工增加其人力资本的一个重要渠道，但监测数据显示，只有35.5%的农民工参加过工作技能培训。受教育程度影响着农民工工资水平。表3表明，除中专外，农民工的工资收入随受教育程度的提高而增加。相对于小学及以下文化程度的农民工，具有初中、高中、大专及以上文化程度的农民工的工资要分别高出7%、11%和34%。虽然中专相当于普通高中，但是相应的工资水平却比高中低3.3%，与初中相近。这可能源自选择性效应，即能力更强的学生在初中毕业时读普通高中，不选择技工学校或中等专业学校。另外，参加过工作技能培训的农民工工资水平比未参加相应培训的高11.1%。工作经历也有助于增加农民工的工资。工作经历在1~3年、3~5年、5~7年和7年及以上的农民工的工资分别比1年以下的高7%、16%、23%和31%。

表3　不同受教育水平、培训参与和工作经历下的农民工工资

	分布(%)	均值(元)	相对数	标准差	基尼系数	泰尔指数
受教育程度						
小学及以下	16.1	2 073	100	995	0.247	0.102
初中	57.7	2 221	107	1 064	0.233	0.093
高中	14.6	2 306	111	1 146	0.240	0.101
中专	6.3	2 230	108	1 065	0.233	0.094
大专及以上	5.3	2 781	134	1 847	0.285	0.153
工作技能培训						
未接受过	64.5	2 155	100	1 087	0.241	0.101
接受过	35.5	2 394	111	1 189	0.238	0.099
工作经历						
1年以下	33.2	2 039	100	923	0.231	0.09
1~3年	33.8	2 176	107	1 000	0.229	0.09
3~5年	12.8	2 356	116	1 089	0.233	0.093
5~7年	7.6	2 501	123	1 240	0.242	0.102
7年及以上	12.6	2 663	131	1 652	0.262	0.129
全部	100	2 240	—	1 130	0.241	0.102

（三）职业与工资

大部分农民工都是生产运输人员、商业和服务业人员，合计占

78.0%（见表4）。专业技术人员的比重占10.0%，表明一些农民工已有一技之长。办事员和有关人员，以及农林牧渔和水利业生产人员的比重较低，分别只占3.6%和1.9%，单位负责人所占比重只有0.3%。

不同职业的农民工之间的工资差异较大。农民工工资最低的职业是农林牧渔和水利业生产人员以及商业和服务业人员，其工资比平均工资低15%左右。工资最高的职业分别是单位负责人、专业技术人员、办事员和有关人员，分别比工资最低的职业高66.9%、46.3%和35.6%。但是这三类职业的农民工总计只占13.9%。农民工从事商业服务业和生产运输工作的比例较高，但不同于商业和服务业人员，从事生产运输的农民工的工资较高，后者比前者高26.2%。

表4　不同职业的农民工工资

	分布(%)	均值(元)	相对数	标准差	基尼系数	泰尔指数
单位负责人	0.3	3 164	167	1 811	0.3	0.146
专业技术人员	10.0	2 773	146	1 432	0.248	0.108
办事员和有关人员	3.6	2 571	136	1 873	0.256	0.14
商业和服务业人员	33.5	1 901	100	980	0.246	0.106
农林牧渔和水利业生产人员	1.9	1 896	100	883	0.246	0.102
生产运输人员	44.5	2 400	127	1 008	0.206	0.074
其他	6.2	1 932	102	947	0.245	0.104
全部	100	2 240	—	1 130	0.241	0.102

（四）行业与工资

从农民工的行业分布来看，制造业占36.5%，建筑业、社会服务业、住宿和餐饮业分别占14.1%、14.2%和11.5%，批发和零售业，交通运输、仓储及邮政业的占比相对较低，分别是6.8%、4.4%，采掘业、金融保险地产业的占比更低（见表5）。

不同行业的农民工之间的工资水平差异较大。农民工工资最高的行业是采掘业，比工资最低的住宿和餐饮业高82%。接着依次是交通运输、仓储及邮政业，建筑业，电煤水生产供应业，金融保险地产业和制造业等。采掘业的农民工工资最高，很可能是因为这个行业的工作条件很艰苦，只有2.1%的农民工从事这个行业。农民工中制造业占比最高，其工资水平接近平均水平。而人数较多的住宿和餐饮业的农民工工资最低。

表5 不同行业的农民工工资

	分布(%)	均值(元)	相对数	标准差	基尼系数	泰尔指数
制造业	36.5	2 292	129	887	0.192	0.065
建筑业	14.1	2 675	150	1 300	0.230	0.094
交通运输、仓储及邮政业	4.4	2 763	155	1 192	0.227	0.086
住宿和餐饮业	11.5	1 779	100	854	0.227	0.091
批发和零售业	6.8	1 962	110	1 329	0.245	0.123
社会服务业	14.2	1 964	110	1 116	0.269	0.128
农林牧渔业	2.0	1 909	107	909	0.246	0.104
采掘业	2.1	3 233	182	1 373	0.228	0.086
电煤水生产供应业	1.2	2 651	149	1 756	0.277	0.145
金融保险地产业	0.7	2 595	146	1 296	0.254	0.109
其他	6.6	2 031	114	1 205	0.264	0.127
全部	100	2 240	—	1 130	0.241	0.102

（五）就业单位性质与工资

从农民工工作单位的性质看，农民工主要分布在私营企业和个体工商户，其中一半以上在私营企业，1/4在个体工商户。公有制企业以及机关、事业单位吸纳的农民工共占11.5%。外资背景的企业所吸收的农民工也较少，外资企业（含港澳台）占6.7%，中外合资企业占3.6%（见表6）。

单位性质也会影响农民工工资水平。国有及国有控股企业、集体企业中的农民工的工资最高，比工资最低的机关、事业单位分别高41.9%和31.8%。其次是中外合资企业、外资企业（含港澳台）以及私营企业，这三类企业农民工的工资比机关、事业单位高25%左右。尽管个体工商户中的农民工也较多，但其工资相对偏低，只比机关、事业单位高5.9%，比平均工资低12.2%。机关、事业单位的工资最低，很可能是因为大部分农民工都不是正式职工。

表 6　不同单位的农民工工资

	分布(%)	均值(元)	相对数	标准差	基尼系数	泰尔指数
机关、事业单位	1.9	1 856	100	1 166	0.284	0.143
国有及国有控股企业	6.2	2 633	142	1 367	0.253	0.110
集体企业	3.4	2 445	132	1 193	0.248	0.104
个体工商户	20.6	1 966	106	996	0.248	0.106
私营企业	51.0	2 306	124	1 166	0.235	0.098
外资企业（含港澳台）	6.7	2 328	125	914	0.184	0.063
中外合资企业	3.6	2 352	127	995	0.199	0.074
其他	6.8	2 079	112	982	0.252	0.105
全部	100	2 240	—	1 130	0.241	0.102

（六）地区间工资差异

从流入地的分布来看，50.8%的农民工就业于东部地区，超过1/4在西部地区就业，在中部地区就业农民工不及西部的一半，在东北地区就业的农民工最少（见表7）。从流出地分布看，西部和中部地区的农民工最多，分别占38.4%和34.1%。从不同流入地农民工的来源看，在东部地区工作的农民工中，除了来自本地区的以外，有62.0%的农民工来自中部和西部地区；在中、西部或东北地区工作的绝大部分农民工来自当地。这表明，从中、西部或东北地区向东部跨区流动的农民工较多，但反向流动的农民工较少。

不同区域的自然环境、技术水平、产业结构和制度环境等都对农民工的工资水平和差距产生影响。东部地区尽管自然资源相对贫乏，但是人才、资金、技术和制度环境都优于其他地区。东北地区拥有老工业基地以及重工业的雄厚实力。西部地区内部发展很不平衡，有些地方自然资源贫乏、环境恶劣，经济难以发展，但有些地方煤和石油等自然资源十分丰富。中部地区无论在自然资源上，还是在人才、资金和技术上都处于中等的水平。表8显示，东部地区农民工工资最高，其次是东北，再次是西部，最后是中部。其中，东部比中部高19.8%，东北、西部和中部地区之间的工资差异相对较小，东北、西部地区工资水平分别比中部高出9.4%和4.5%。从

表 8 反映的流入地内部农民工工资差距看，西部农民工工资差距最大，中部次之，东北更小，东部最低。

表 7　不同流出地和流入地区域的农民工样本分布

流入地	流入地分布（%）	流出地分布（%）				
		东部地区	中部地区	西部地区	东北地区	全部
东部地区	50.8	35.6	37.4	24.6	2.4	100
中部地区	13.5	4.6	89.2	5.9	0.3	100
西部地区	28.3	3.7	9.1	86.5	0.7	100
东北地区	7.3	7.7	5.7	8.4	78.2	100
全　　部	100	20.3	34.1	38.4	7.2	100

表 8　不同流入地区域的农民工工资

流入地	均值(元)	相对数	标准差	基尼系数	泰尔指数
东部地区	2 395	120	1 155	0.219	0.088
中部地区	2 000	100	1 020	0.258	0.112
西部地区	2 090	105	1 125	0.263	0.118
东北地区	2 188	109	1 001	0.234	0.092
全　　部	2 240	—	1 130	0.241	0.102

（七）农民工工资差距的分解

为了分析各因素对农民工工资差距的影响，将农民工工资收入差距分别按照各因素进行泰尔指数分解。如果某因素各类别之间的平均工资差别较大，而且农民工在各类别的分布不均匀，那么该因素对工资差距的影响更为显著。从表 9 可见，农民工工资总体差距都是由相应因素组内差距主导的。行业之间、性别之间和职业之间的工资差距各自在总差距中的比重最高，在 9% ~11% 之间。工作经历、年龄、单位性质、地区各自对总差距的解释力度依次下降。受教育程度和技能培训的解释力不到 2%，这表明教育和技能培训对农民工工资差距的影响很有限。

表 9 农民工工资收入差距的泰尔指数分解

	绝对量		百分比	
	组内	组间	组内	组间
性别	0.0916	0.0100	90.16	9.84
年龄	0.0978	0.0038	96.26	3.74
受教育程度	0.0997	0.0020	98.03	1.97
技能培训	0.1004	0.0013	98.72	1.28
工作经历	0.0973	0.0044	95.67	4.33
职业	0.0924	0.0092	90.94	9.06
行业	0.0911	0.0106	89.58	10.42
单位性质	0.0982	0.0034	96.65	3.35
地区	0.0990	0.0027	97.35	2.65

三、总结和政策建议

从外出就业农民工人口和就业特征看，农民工以男性为主，年纪较轻；大多是初中文化程度、未接受过技能培训，大部分工作经历在3年以下；职业主要为商业和服务业人员以及生产运输工人等，大量分布在制造业、建筑业、住宿和餐饮业、社会服务业和批发零售业等行业，绝大多数在民营企业和个体工商户务工，多半流向了东部地区。

从农民工不同个人特征之间的工资收入看，男性高于女性。工资与年龄呈倒U型关系，与人力资本正相关，且在不同性质的就业单位、不同职业、行业和地区间存在差异。总体来看，农民工工资差距处在比较平均的水平。相对而言，行业、性别和职业是影响农民工工资差距的最重要因素，而人力资本，如受教育程度、技能培训以及工作经历，对总差距的解释程度都较低。

根据农民工上述特征，提出如下建议：

在促进国民经济稳定发展，合理规划经济圈、城市群和产业链的前提下，需要从加大农民工人力资本投资、提供配套的制度支持等角度来增加农民工的工资水平。关于人力资本投资，从教育角度看，要加大农村基础教育和职业教育投入，提高教育覆盖率，改善教学质量；从培训方面看，要巩固和扩大农民工培训工程的成果，扩大培训对象的范围，减轻学费负担，并针对市场需求丰富培训内容、提高培训层次。相关的制度支持包括严格落实和完善《劳动合同法》和最低工资制度，积极推行企业工资集体协商制度，加快建设农民工工资发放保障制度等。另外，由于农民工内部工资差距总体上比较平均，政策着力点固然可不放在降低农民工内部工资差距上，但是也要关注并消除影响工资差距的因素中可能存在的不合理成分，如性别歧视、行业和职业分割等。

报告四

流动人口消费问题分析

我国目前约有2.3亿流动人口，他们的消费能力和消费行为是拉动中国消费需求的重要力量。本报告用2011年国家人口计生委流动人口动态监测数据，对流动人口的消费状况进行分析。

一、流动人口消费基本状况

（一）流动人口消费增长较快，城镇户籍流动人口消费支出高于农村户籍流动人口

本次监测数据显示，流动人口在流入地的人均月消费支出为1 029元，较2010年年初的799元增加230元。比较不同户口性质流动人口的月人均消费支出，城镇户籍流动人口是农村户籍流动人口的1.45倍；月人均食品支出是1.34倍，月人均租房支出是1.89倍（见表1）。城镇户籍流动人口整体消费能力强于农村户籍流动人口。

表1　按户口性质划分的流动人口消费总量与消费结构

户口性质	户籍比例（%）	月人均支出（元）	年消费总量（亿元）	月人均食品（元）	年食品消费总量（元）	月人均租房（元）	年租房总支出（元）
农村	85.9	968	22 950	470	11 143	237	5 619
城镇	13.7	1 405	5 313	630	2 382	448	1 694
总计	99.6	1 029	28 263	492	13 525	261	7 313

（二）东部地区流动人口的消费支出显著高于中西部

由于地区间经济发展水平、人口密度和消费文化的不同，流动人口消费支出存在着地区差异。从各地区人均收入来看，东部最高、中部次之；从人均支出来看，东部高于西部；东部地区流动人口每月人均给老家的财物也显著高于中部和西部（见表2）。

表 2 各地区家庭平均消费支出情况 单位：元

地区	家庭人均收入	家庭人均支出	家庭人均食品支出	家庭月给老家财物	家庭人均月房租
东	2 280	1 024	499	232	249
中	2 239	1 080	511	183	273
西	2 211	967	453	190	273
总计	2 253	1 029	493	208	261

（三）流动人口计划性或预防性储蓄及投资率较高

流动家庭人均月收入为 2 253 元，主要用于三个方面：一是流入地消费，占 45.7%，每月人均消费为 1 029 元；二是给老家的汇款，占 7.4%，每月人均为 167 元；三是计划性或预防性储蓄以及投资，占 46.9%，每月的储蓄或投资额为 1 056 元。

（四）流动人口消费潜力较大

流动人口的消费潜力表现在两个方面：第一，释放计划性储蓄，流动人口的计划性储蓄主要是为子女受教育、城市化预期、父母养老和个人养老等，随着流动子女义务教育的落实、农村基本养老制度的完善、廉租房等对流动人口的放开，这部分潜在购买力可转化为现实购买力；第二，释放预防性储蓄，这部分储蓄刚性较强，有赖于流动人口各项社会保障制度的建立和健全。可见，使流动人口在城市实现永久性迁移，推进基本公共服务均等化，将较大地拉动消费需求的增长。

二、流动人口消费的影响因素和总体特征

（一）收入决定消费

1. 收入增加促进消费。

本次监测数据显示，流动人口的平均收入较 2010 年增加 406 元，人均消费支出增加 230 元（见表 3），即使扣除通货膨胀的影响，收入对消费的影响依然是决定性的。高收入组的消费支出是最低低收入组消费支出的 3.4 倍，食品支出是 2.7 倍，住房支出是 4.4 倍。多因素分析显示，流动人口收入每增加 100 元，带动消费支出增加 48 元。

表 3　2011 与 2010 年流动人口收入与支出情况　　单位：元

人均收入分组	月收入		月支出		人均食品支出		人均住房支出	
	2010	2011	2010	2011	2010	2011	2010	2011
最低组	550	819	495	550	220	287	136	127
次低组	1 028	1 365	634	757	270	389	171	173
中等组	1 412	1 855	757	931	315	473	194	227
次高组	1 826	2 426	901	1 109	356	552	224	274
最高组	3 432	4 985	1 551	1 856	507	786	425	557
平均	1 847	2 253	799	1 029	314	493	211	261

2. 收入稳定激励消费。

按照理性预期理论，消费者通常会依据过去收入的变动状况形成对未来收入的预期，稳定的收入预期能够带来稳定的消费。收入的稳定性往往体现在职业上，职业既是收入的来源，同时也是人力资本的体现和社会地位的象征。职业对消费选择有重大影响，职业稳定与消费支出呈正相关关系，稳定的职业不但使消费者的收入来源有了保障，而且会使其消费观念更加现代化。表 4 显示，职业越稳定，收入越高，消费支出也越高，如国家机关、党群组织、企事业单位负责人的人均收入居首，消费支出也居首；不稳定的职业，如无固定职业者的支出居末位。与无固定职业者相比，技术人员的消费支出要高 4.6%，白领高 4.0%、蓝领高 4.0%。

表 4　职业与消费支出的关系　　单位：元

主要职业	家庭人均收入	家庭人均支出
国家机关、党群组织、企事业单位负责人	4 431	1 835
专业技术人员	2 980	1 245
办事人员和有关人员	2 785	1 295
商业、服务业人员	2 380	1 175
农林牧渔和水利业	1 454	616
生产、运输及有关人员	2 129	902
建筑业从业人员	2 179	879
无固定职业者	1 486	726
其他不便分类的从业人员	2 069	996

（二）社会保障不足抑制消费

1. 流动人口的社会保障不足。

流动人口在流入地享有的六项社会保障中，城镇医疗保险覆盖率最高，但还不到27%，失业保险、生育保险、住房公积金均不足15%；第二，流动人口在流出地享有的社会保障中，覆盖率最高为新农合（45.5%），仅10.3%享有农村养老保险，其余8项的覆盖率均不足10%（见表5）。在中国，大部分社会保障与户籍制度挂钩，流动人口难以获得流入地的社会保障等公共消费品，必须在市场上购买，从而挤占私人消费。

表5　流动人口享有各类社会保障的比例　　单位：%

	老家享有的社会保障			当地享有的社会保障		
	有	无	不清楚	有	无	不清楚
城镇养老	4.2	92	3.8	23.1	74.5	2.4
城镇医保	8.2	88	3.8	26.4	71.1	2.4
工伤保险	2.2	93.6	4.3	25.2	71.0	3.8
失业保险	1.3	94.9	3.9	13.6	83.0	3.4
生育保险	1.6	94.0	4.4	9.9	86.5	3.7
住房公积金	0.8	95.1	4.1	5.8	90.8	3.4
城镇低保	0.5	95.6	3.9			
农村低保	2.9	92.4	4.8			
新农合	45.5	47.5	7.0			
农村养老	10.3	84.1	5.6			

2. 社会保障对流动人口私人消费影响显著。

流动人口的工作和生活充满不确定性：就业的不稳定导致收入的不确定性；医疗和工伤保障的不健全导致意外支出的不确定性；农业收成的好坏导致老家对货币需求的不确定性。不确定性极大强化了流动人口的预防性储蓄，社会保障有助于降低这种不确定性。比较流动人口在流入地享有社会保障状况与其消费支出的关系可以看出，流动人口享有的社保项目数量与其家庭人均总支出呈正相关关系。在流入地享有6项社会保障的流动人口家庭人均总支出是在流入地未享有社会保障流动人口的1.4倍（见表6）。

表 6 流动人口在流入地享有社保与消费支出的关系 单位：元

流入地享有社保（项）	家庭人均收入	家庭人均总支出	家庭人均食品支出
0	2 069	986	465
1	2 317	955	487
2	2 411	1 053	512
3	2 538	1 133	549
4	2 651	1 181	578
5	2 654	1 198	585
6	3 795	1 378	650
总计	2 253	1 029	493

3. 社会保障供给具有明显的行业、地区差异，对弱势人群保障不足。

流动人口的流动、经济等特征与其在流入地享受社会保障状况存在明显的相关性。社会保障作为公共消费品，其供给存在“马太效应”，即经济社会地位越高的人、地区，享有保障状况越好。第一，流动人口的收入水平越高、职业稳定性越强、行业组织化程度越高、在流入地的停留时间越长，享有社会保障的可能性越大，例如，与最高收入阶层相比，次高收入阶层享受社会保障的可能性是其 97%，中等收入阶层是其 73%，次低收入阶层是其 57%，最低收入阶层是其 53%。第二，地区差异影响社会保障供给能力。与西部相比，东部是其 1.42 倍，中部是其 66%，东部地区向流动人口提供公共服务的状况较好。此外，流动距离与享有社会保障情况呈负相关关系，即省内流动人口享有社会保障的可能性更大，是跨省流动人口的 1.12 倍。跨省流动存在着社会保障异地对接问题，导致流动人口享受社会保障存在一定障碍。

（三）流入地停留时间越长，家庭总支出越多

移民从流动到定居经历三个阶段：第一阶段，新移民到达移入地，主要特点是向家乡汇款和预期工作结束后返回家乡；第二阶段，部分移民留下来，基于血缘或地缘关系发展自己的社会网络，家庭团聚和长期定居意识产生；第三阶段，争取公民权与法律地位。三个阶段的完成需要较长时间，停留时间与家庭人口数、总消费和人均消费具有相关性。

表 7 数据显示，停留时间越长，家庭人口数越多，如停留 1 年为 2.20 人，5 年及以上则为 2.97 人。从家庭总支出看，停留时间越长，

总支出越多，停留1年为1 761元，而停留5年及以上为2 609元。从人均给老家的财物看，停留时间越长，给得越少，停留1年为223元，停留5年则为183元。从人均支出看，总支出、食品和住房支出随停留时间的增加变化不大，这说明消费的集约效应发挥了作用。

表7 在流入地的停留时间、家庭人数与支出状况 单位：元

来本市时间	家庭成员（人）	家庭总支出	家庭人均总支出	家庭人均食品支出	家庭给老家财物	家庭人均房租
1年	2.20	1 761	994	491	223	256
2年	2.63	2 018	1 040	495	232	277
3年	2.82	2 149	1 048	495	220	277
4年	2.87	2 333	1 067	498	214	281
5年及以上	2.97	2 609	1 046	492	183	253

三、政策建议

（一）促进流动人口在流入地稳定就业、稳定生活，释放流动人口消费潜能

流动人口消费潜力开发，一方面取决于社会保障的供给，另一方面取决于收入的增长机制和就业的稳定性。流动人口在城乡之间往返迁徙和市民身份的不确定性，不利于流动人口消费模式、消费行为的转变，也不利于其消费结构的升级。应当积极推进户籍制度改革，引导在城镇长期居留的流动人口在流入地落户安居。

（二）加大流动人口的公共品供给，促进基本公共服务均等化

流动人口的公共品供给不足，尚有巨大的消费空间有待挖掘。对流动人口公共品的供给不仅是社会公平的体现，而且有助于激励其私人消费。社会保障是国家财富的再分配，发挥缩小收入分配差距和社会安全网的作用。为加强对流动人口的社会保护，应制定有利于弱势群体的制度安排，并通过加强社会管理和培养社会组织进行有效实施。国家应加大对流动人口的公共品供给，可以通过引入私人资本等方式弥补资金缺口。

（三）积极倡导农民工承担家庭保护和家庭供养的责任，提高农村地区消费水平

农民工向家乡的汇款提高了留守家庭的生活水平，对于解决农村

老龄化问题提供了重要的经济支撑。流动人口不仅要在城市谋求发展，还应当担负起家庭保护、家庭供养和家庭教育的职能。应当鼓励农民工反哺父老和回馈乡里的行为，缓解因城镇化和人口流动所带来的农村养老问题；鼓励农民工回乡创业，使他们利用在流入地积累的知识和工作经验返乡自主创业和投身新农村建设，提高自身家庭的发展能力，从而增加收入，带动农村地区消费。

（四）建立收入增长的长效机制，完善收入分配政策

收入是决定消费的重要变量。近年来流动人口收入水平有较大提高，推动了消费支出的增加。然而消费不仅受到当前收入增长的影响，而且受到收入预期的影响，只有稳定的收入增长才会带来稳定的收入预期，进而带来稳定的消费增长。因此，政府一方面要建立收入增长与 GDP 增长的长效关联机制，另一方面要关注流动人口收入分配的两极分化程度，通过完善对低收入群体的保障建设和健全对高收入群体的征税制度来缩小收入分配差距，促进消费水平的提高。

报告五

农村留守老人的生存发展状况研究

随着农村大量青壮年劳动力外出务工，农村家庭养老模式受到冲击，农村老人的生活和福利发生较大变化。据全国老龄办测算，“十二五”时期，我国农村留守老人约4 000万，占农村老年人口的37%。为深入了解农村留守老人生存发展现状，2011年，国家人口计生委组织有关专家，在河南、江西、四川3省12个村庄，对400余名65岁以上留守老人进行了收入消费、日常照料、健康医疗和养老意愿等问题的专题调查。课题组召开15人以上的老年人座谈会12次，入户访谈74户，发放调查问卷200份，走访敬老院2所，现将调查情况分析如下。

一、留守老人的生存状况

（一）收入来源多元化

调查显示，80%以上的留守老人对经济来源不担心和不太担心。这一方面是因为子女外出务工对留守老人经济供养作用较大，另一方面是因为留守老人还有其他收入来源。

1. 基本的土地经营收入。

土地经营收入是留守老人的基本收入。近年来，国家不断扩大对农业、农村和农民的补贴力度，土地收益率不断上升。如河南省上蔡县尚庄村一对70岁左右的健康老人种植5亩小麦，每年从政府获得粮食补贴700元，一年的纯收入达5 000元以上。四川省金堂县赵家镇一对老夫妻种植3亩地，每年每亩地政府给予耕地保护补贴440元，一年的收入达8 000元以上。江西省贵溪市枧田村一对老人在坡地及房前屋后种植水果、茶叶、板栗，一年的收入达到5 000~8 000元。

2. 土地租金收入。

当农村老人年老体力不支时，出租土地的经营权也是获取收入的重要来源，平均租金近年来呈增长态势。如上蔡县平均每亩地的租金为200元。金堂县实行土地流转，租金相对高一些，一些老人将土地经营权流转给大户，3 亩地的租金每年可得 1 500 元，加上政府的耕地保护补贴 1 320 元，年土地承租收入达 2 820 元。

3. 子女转移收入。

子女打工收入构成农村留守老人的较为稳定的现金收入，从 3 省的平均水平看，留守老人通常每年获得 2 000 ~ 5 000 元不等的子女转移收入，如果老人帮助照看孙子女，得到的收入会更多。子女转移收入与外出打工子女数有关，外出打工子女多的老人得到的转移收入要多一些。

4. 政府补贴。

政府补贴包括农村基本养老保险，农村 60 岁以上的老人每月享有 55 元的养老金；国家给予计划生育户每年 840 元的奖励扶助金；国家给予粮食种植户粮食补贴以及耕地保护补贴。另外，当地政府也给予农户一些额外或配套性补贴，如上蔡县对计划生育户的额外补贴是每年 360 元。

5. 有偿集体劳动。

在河南省镇平县石佛寺镇，玉器加工是其支柱产业，老年人都有玉器辨识和加工的经验，村里有时组织老人参加一些有偿劳动；上蔡县蔬菜大棚雇用了不少老人进行采摘；金堂县赵家镇食用菌的灌袋也雇用老人参与劳动。集体劳动增加了留守老人的收入，也促进了老人的社会交往和情感交流。

（二）基本生活、生产支出有保障

收入充裕促进老年人生活质量的改善，同时也带给他们地位和尊严。调研中，老人们经常提及并感到欣慰的事情，就是想吃什么就能买什么，还能经常给孩子们零花钱，在与亲戚朋友交往时不会丢面子，购买农业生产资料不需要贷款。

1. 食物需求基本得到满足。

老人日常食品支出主要用于购买粮食、食用油、蔬菜、肉、鸡蛋、水果和豆腐等。老人普遍表示，在吃的质量上比过去有很大的改善。在对未来生活状况的判断上，一些老人表现出对食品价格上涨太快，孙子女的零食太贵的担忧。

2. 医疗保障水平逐步提高。

机体退化和免疫力下降使老年人成为主要的患病人群，82.9% 的老人都生过病，三次及以上的占53.6%。在实行新型农村合作医疗之前，老人们惧怕高额的医疗费，不愿意拖累儿女，往往选择不治或者自己治疗，新农合比较有效地解决了看病贵的问题。调查发现，留守老人生病后看医生的比例为69.5%，自己到药店买药或者自己治疗的比例为28.8%（见表1）。从医疗费的支付来源看，“大部分合作医疗支付，少部分自己支付”的占54.3%。

表1　生病的治疗对策

对策	比例（%）
不治疗	0.6
自己治疗	5.2
自己到药店买药吃	23.6
找医生看病	69.5
拜佛求神	0.6
其他	0.5
合计	100

3. 社会交往支出需求得到满足。

社会交往是留守老人一项重要的社会活动，由此发生的支出很大程度上是由于儿女外出打工，留守老人需要寻求社会支持的投资。因此谁家有红白事、生小孩、考上大学或参军入伍，老人们都要送礼，不光要自己出一份，还要给在外打工的子女垫上。许多老人认为，份子钱不断在上涨，每年这些钱合起来是一笔很大的支出。

4. 生产性的支出需求基本达到自给。

生产性支出包括购置种子、化肥、农药、雇用农机和雇工的支出，这笔钱在秋天粮食一卖出去就存起来。当被问及“如果存款不够，是否考虑过小额信贷”时，老人们一致的回答是不考虑，他们认为小额贷款手续复杂，很难理解其中的条款。老人们普遍表现出对农业生产资料价格上涨过快，特别是机耕费和雇工费上涨过快的担忧。

5. 对生活满意度较高。

由于生活状况与过去相比有了极大的改善，95.4%的留守老人对目前生活表示满意（见表2）。访谈中，留守老人表现出对孩子教育的担心、对儿女外出打工的牵挂、对因疾病增加儿女花费的担心，很少谈及对自己生活的不满。

表 2 留守老人的生活满意度 单位：%

	比例
满意	95.4
不满意	2.9
不知道	1.7
合计	100

（三）老有所乐受到重视

留守老人的孤独感和对子女的思念，使其对社会关系和情感慰藉产生更多的需求。目前解决该问题有两个渠道：

1. 基层组织和老年协会。

各级政府都认识到老有所乐的重要性，并开始着力解决这一问题。调研的12个村中有9个村成立了老年协会。73.1%的留守老人认为村组织为其提供了服务；77.7%的老人认为在遇到困难时能够得到组织的帮助；33.7%认为村组织为其提供了适合老年人的有偿劳动机会；30.9%得到过村组织提供的养老金或现金补贴（见表3）。上蔡县成立文化大院，为老年人提供娱乐、上网视频和阅读书报的场所。四川省简阳市蒋家桥村的书记和村长带头成立了“锄耕队”，帮助留守老人插秧、割麦子等。

表 3 村委会为留守老人提供的帮助 单位：%

	村里专门帮助老年人的服务	养老金或现金补贴	老年公寓或老年住房补贴	提供适合老年人的有酬劳动机会	在有困难时帮助解决
是	73.1	30.9	6.9	33.7	77.7
否	26.9	65.7	90.3	61.7	19.4
不知道	0	3.4	2.9	4.6	2.9
合计	100	100	100	100	100

2. 家庭成员的关心。

留守老人的老有所乐问题也受到家庭和子女的重视。调查发现，大部分老人子女平均一周打一次电话；通过与老伴共同劳动充实生活，一起看电视丰富生活；通过看护孙子女来满足感情需求。在上蔡县，年龄大一点的孙子女有时会带着老人到文化大院与其外出子女进行视频聊天。现代化的通信手段拉近了留守老人与外出子女的距离。

二、存在的问题

（一）日常照料资源不足

1. 隔代化、空巢化特征显著。

与孙子女同住是留守老人居住的主要形式。村干部谈到，留守老人照顾孙子女的比例达到90%。问卷调查显示，67%的留守老人承担着照顾孙子女的责任；对于年龄比较大的老人，孙子女长大出去打工或者上学后，空巢化成为普遍问题。

2. 日常照料比例较低。

一是生病后的照料。老人生病时，能经常得到子女照顾的比例为55.6%，相当比例的老人是由老伴或自己照料；二是帮助购买食品，子女经常购买食品的比例为55.2%；三是料理家务，子女经常帮助料理家务的比例为38.2%（见表4）。村干部反映，老年人要过一个幸福的晚年，除了子女照顾外，还需要借助政府和社会的力量。

表4　子女的日常照料　　单位：%

	买食品	买衣物	陪看病	生病照顾	买药	做家务事
经常	55.2	53.8	47.4	55.6	45.9	38.2
很少	37.8	39.2	39.8	35.7	41.8	48.8
完全没有	7.0	7.0	12.8	8.7	12.3	13.0
合计	100	100	100	100	100	100

（二）公共卫生与医疗服务亟待改善

1. 公共卫生供给不足。

农村留守老人缺乏常规身体检查，健康隐患一旦被检查出来，往往已经是疾病的晚期。环境卫生是影响老人身体状况的主要因素，一些村子垃圾乱扔、无下水道设施、露天茅坑、动物腐烂尸体等都对老人的健康产生巨大的影响。

2. 新型农村合作医疗报销比例较低，医疗保障能力仍较弱。

入户访谈表明，新农合一定程度上解决了看病贵和大病住院的问题，但老年人的慢性病没有纳入保险的范畴，通过新农合实际报销的药费比例为50%左右。老人看病的费用“大部分自己支付，少部分合作医疗支付”的比例占31.8%（见表5）。三省老人均反映，报销后由自己支付的部分仍然很高。

表5 生病的医疗费支出 单位：%

	比例
无医疗保险完全自己支付	2.6
有农村合作医疗保险，但无法报销	2.6
完全由农村合作医疗保险支付	4.0
大部分合作医疗支付，少部分自己支付	54.3
大部分自己支付，少部分合作医疗支付	31.8
其他	4.7
合计	100

（三）生产、家务劳动负担沉重

1. 生产劳动负担沉重。

在所调研的留守老人中，73.1%的人从事劳动，其中88.3%从事农业生产劳动。老人生产劳动负担重，体现在以下几方面：一是劳动强度大，尤其是播种和收割季节。二是劳动时间较长，一年从事的劳动时间平均为165天，最多为360天。三是科技利用程度不高，老年人接受农业新技术能力和通过金融手段规避风险的能力较弱。调查的老人中，几乎没有人使用小额信贷，也很少关注农业保险。

2. 家务劳动繁杂。

除了生产劳动外，留守老人还要做饭、洗衣服、种菜、养家禽家畜、照顾孙子女。表6是绝大多数留守老人每天要从事的家务劳动。老人为外出务工子女照料孩子的比例较大。很多留守老人需要照顾多个孩子，孩子安全、成长和教育等是老人最担心的问题。

表6 留守老人的家务劳动 单位：%

	做饭	洗衣	种菜	养家禽家畜	照顾孙子女	照顾父母
没有	16.2	27.7	20.2	49.1	35.3	86.7
有	83.8	72.3	79.8	50.9	64.7	13.3
合计	100	100	100	100	100	100

（四）基层组织提供养老服务能力较弱

一是缺乏经济基础，全村运行经费由政府拨付，平均每村仅3万～4万元，想为老人服务有心无力；二是缺少组织规划，留守老人社会化养老缺乏统筹。

三、政策建议

（一）统筹规划，为留守老人提供多样化的制度支持

政府应以利益为导向，根据留守老人的居住安排设计多样化的制度支持，解决留守老人的养老问题。具体包括：第一，鼓励家庭团聚，鼓励子女与老人共同生活，对与老人共同生活的家庭给予表彰、奖励或住房方面的支持；第二，鼓励反哺父老行为，对于在外流动不能与老人共同生活的子女，建议制定基本的赡养金比例，凭借赡养金的给付证明在就业、社保、教育、工商注册及纳税等方面给予优惠待遇；第三，鼓励企业为员工提供探亲、父母生病照护等方面的休假制度或资金支持，将企业的社会责任感落实到家庭层面，作为评价企业社会责任感的重要指标；第四，基层政府组织要关注留守老人的养老问题，可向生活尚能自理的老人提供有偿服务，对生活不能自理的老人雇用专人照料，村委会负责监督，费用由子女负担；第五，制定服务标准，应在乡村一级扩大社工人员的编制，为留守老人提供专业服务人员。

（二）探索多样化的养老保险形式，提高养老金金额

新农保规定每位 60 岁以上老人每月可领取 55 元的基本养老金，养老保险的推行有助于改善留守老人的生活状况。除此之外，政府应探索土地养老政策的制定和实施，养老金的数额应该由土地的价值来决定，其增长率至少要保证留守老人过上稳定的生活。

（三）降低新农合报销门槛，加强疾病预防

新农合减轻了留守老人的医疗负担，促进了其生活质量的提高，但仍然存在因病返贫现象，政府应进一步降低新农合报销门槛，加强村级公共卫生建设，定期为留守老人提供体检，加强疾病预防，降低失能老人的比例。

（四）支持老年互助组织，推动孝道文化建设

村老年协会、红白理事会、棋牌协会等自治组织把留守老人聚到一起开展文体活动，同时也能在其需要的时候给予一定的帮助，老人对于这些组织和活动是持肯定态度的，政府或社会组织应该给予资金、活动场所和老年健身器材等方面的支持。孝道文化是中国传统文化中最具影响的道德观念系统，在农民的观念、准则和行为

规范中起着重要的约束力量。在农村，孝敬父母所受到的褒奖和不尽孝道所遭到的谴责对人际关系网中的个人信用度起到重要作用。因此，政府应积极推动农村孝道文化建设，促进家庭和谐安定，实现老有所养。

报告六

少数民族流动人口状况分析

2010 年全国第六次人口普查数据显示，少数民族人口占总人口的 8.49%。少数民族大都居住在地广人稀的中西部地区，自然环境较差，交通不便，经济社会发展相对落后。就总体情况而言，少数民族受教育程度偏低，语言、宗教、传统文化与风俗习惯等方面也与汉族有较大差异。这些因素在不同程度上影响了少数民族的人口流动。

2011 年国家人口计生委流动人口动态监测数据包括流动人口的民族属性（汉族、18 个百万人口以上的少数民族及“其他民族”）。本报告依据此次调查的相关信息，对少数民族流动人口进行分析。

一、流动人口的民族构成

（一）流动人口群体的民族构成

此次调查涉及的流动人口家庭成员中，汉族 284 280 人，占 94.2%；少数民族 17 631 人，占 5.8%，低于全国总人口中少数民族人口的比例。其中，排前四位的分别为壮族 3 509 人，占总人口的 1.2%；苗族 2 587 人，占 0.9%；土家族 2 176 人，占 0.7%；回族 1 937人，占 0.6%。4 个民族共计 10 209 人，占少数民族总体的 57.9%。其他 14 个百万人口以上的少数民族共计 6 405 人，占 36.3%；这 18 个少数民族的流动人口占全部少数民族流动人口的 94.2%（见图 1）。

（二）流动人口家庭的民族构成

在全部 128 000 户中，共有 119 307 个汉族户，占 93.2%；6 157 个少数民族户，占 4.8%；2 536 个汉族 - 少数民族混合户，占 2.0%。在少数民族户中，壮、苗、土家和回族四个民族的单一民族户共计 3 545户，占 57.5%。其他 14 个百万人口以上少数民族的单一民族户

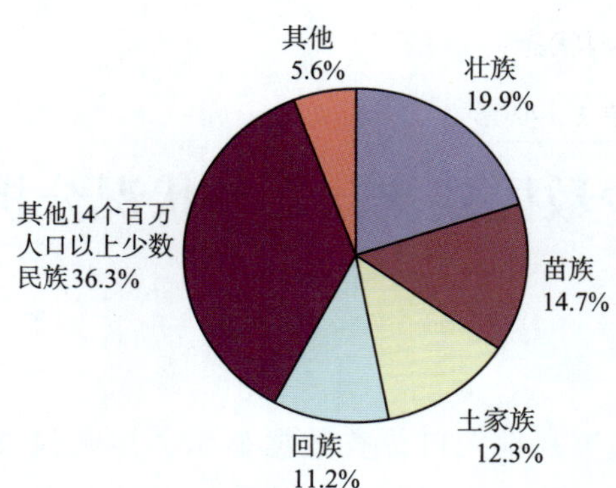

图1　少数民族流动人口的民族构成

2 014 户，占 32.7%，接近总数的 1/3。少数民族之间的混合户仅 275 户，占 4.6%，相比汉族－少数民族混合户，规模小了许多。

二、少数民族流动人口基本状况

（一）性别年龄构成

1. 平均年龄 26.4 岁，比流动人口总体略微年轻。

少数民族流动人口中，男性占 50.9%，女性占 49.1%，性别比为 103.8。平均年龄 26.4 岁，比流动人口总体（27.3 岁）略微年轻。

2. 与汉族相比，少儿组人口比例稍高，而劳动年龄组则略低。

少数民族流动人口中，15～59 周岁占绝大多数（76.9%）。与汉族相比，0～14 周岁人口比例高 3 个百分点，15～59 周岁则低 3 个百分点（见表 1）。

表1　汉族与少数民族流动人口的年龄构成　　单位：%

年龄组	0～14 岁	15～59 岁	60 岁及以上
汉族	19.6	79.9	0.5
少数民族	22.6	76.9	0.5

（二）婚姻与家庭

1. 未婚比例稍高，在婚比例略低，男女差异较大。

少数民族流动人口劳动年龄组（16～59 岁）的未婚比例高于汉族 2.8 个百分点，但两性差别很大。少数民族女性未婚比例略高于汉族女性（1.4 个百分点），而少数民族男性未婚比例却大大高于汉族男性（4.3 个百分点）。少数民族流动人口在婚比例比汉族低 3 个百分点，少数民族男女婚姻状态之间的差别要大于汉族人口（见表2）。

表2　少数民族流动人口劳动年龄组婚姻状况　　单位：%

民族		未婚	在婚	离婚	丧偶	合计
汉族	男	20.0	79.4	0.5	0.1	100
	女	16.3	82.7	0.6	0.3	100
	合计	18.2	81.0	0.5	0.2	100
少数民族	男	24.3	75.2	0.4	0.1	100
	女	17.7	80.7	0.7	0.9	100
	合计	21.0	78.0	0.6	0.5	100

2. 以夫妻流动为主，家庭人数略多于汉族。

在流入地居住的少数民族平均家庭规模为2.39人（汉族为2.36人），以夫妻共同流动为主。其中，少数民族个人流动比例为32.1%，高于汉族3.2个百分点；少数民族与配偶共同流动的比例为60.5%，低于汉族4.1个百分点；少数民族夫妻双方与子女共同流动的比例为40.5%，汉族为40.6%，相差不大。

3. 非农业户口比例与流动人口总体基本一致。

流动人口总体中86.7%为农业户口，13.3%为非农业户口。少数民族流动人口中87.3%为农业户口，12.7%为非农业户口，与流动人口总体差别不大。

（三）受教育状况

1. 平均受教育年限比汉族少1年。

16周岁及以上少数民族流动人口中，未上学的比例高于汉族3.6个百分点；接受小学教育的比例高于汉族近10个百分点；接受初中教育的比例最高，但略低于汉族；接受高中及以上教育的比例则远低于汉族，相差近10个百分点（见表3）。少数民族平均受教育年限为8.6年，比汉族（9.6年）少1年。

表3　少数民族与汉族流动人口受教育程度比较（16周岁及以上）

单位：%

	未上学	小学	初中	高中及以上	合计
汉族	1.7	14.9	54.4	29.3	100
少数民族	5.3	24.4	49.1	20.4	100

2. 农村户籍少数民族流动人口中初中比例最高。

52.6%的少数民族农村户籍流动人口仅完成初中教育。32.2%受教育程度为小学及以下，这个比例比汉族流动人口高出13.8个百分点；15.2%接受过高中及以上的教育，比汉族低7.8个百分点。非农户口少数民族流动人口受教育程度与汉族差别不大。但少数民族流动人口大都为农村户籍户口，他们的受教育程度亟待提高。

3. 15~19岁组少数民族流动人口高中的比例较低。

从教育的角度看，15~19岁组流动人口尤其值得特别关注。这一年龄段大部分人应在户籍地就读高中。调查发现，汉族流动人口15~19岁组的比例为6.0%，少数民族的相应比例更高，为7.2%。在受教育程度方面，15~19岁组的汉族与少数民族流动人口均以初中毕业为主，但汉族高中学历的比例远高于少数民族，两者相差10.7个百分点。在就业状况方面，15~19岁组少数民族流动人口的就业比例高于汉族2.9个百分点，而就学比例则比汉族低了7.8个百分点。15~19岁组少数民族流动人口的受教育状况应加以重视。

三、就业、收入和劳动保障

（一）就业与收入

1. 就业比例为81.9%，男性高出女性接近15个百分点。

劳动年龄少数民族流动人口中，81.9%的人就业，1.8%的人失业，10.2%的人操持家务。男性就业比例为57.2%，高出女性近15个百分点；19.8%的女性操持家务，高出男性19.2个百分点；女性无业或失业的比例为5.2%，男性为4.4%。

2. 少数民族流动人口多从事制造业、服务业。

就业的少数民族流动人口中，48.8%从事制造业，高出汉族12.1个百分点；其次是从事商业、服务业等行业，比例为30.1%，比汉族低13.4个百分点，其中从事批发零售业的比例为10.4%，比汉族低8.2个百分点；再次是从事建筑业，比例为6.8%，与汉族（7.1%）相差无几。

少数民族流动人口从事的职业主要集中在生产、运输设备操作领域，比例达到47.8%，高于汉族12.7个百分点；其次是集中在商业、服务业，比例为29.4%，比汉族低13.3个百分点。除此之外，少数民族流动人口作为专业技术人员的比例为7.9%，比汉族低2.5个百分点。办事人员和有关人员、农林牧渔和水利业生产人员的比例相对较低（见表4）。

表4　分民族流动人口职业分布　　单位：%

职业	少数民族	汉族	合计
国家机关、党群组织、企事业单位负责人	0.4	0.5	0.5
专业技术人员	7.9	10.4	10.3
办事人员和有关人员	3.7	4.3	4.3
商业、服务业人员	29.4	42.7	42.1
农林牧渔和水利业生产人员	2.5	1.1	1.2
生产、运输设备操作人员及有关人员	47.8	35.1	35.7
无固定职业者	1.8	1.3	1.3
其他不便分类的从业人员	5.1	3.5	3.6
合计	100	100	100

3. 少数民族雇员平均月收入2 310元，略低于汉族。

少数民族流动人口雇员平均月收入为2 310元，有一半的人超过2 000元，汉族雇员平均月收入为2 551元，二者相差241元。少数民族流动人口女性雇员平均月收入为1 997元，比男性低547元。

（二）劳动保障

1. 少数民族流动人口雇员日均工作9.4小时，周均工作57.3小时。

少数民族流动人口雇员平均每周工作6.1天，每天平均工作9.4个小时，有一半的人工作时间在9小时以上，高于流动人口中汉族雇员平均每天工作时长。

2. 少数民族流动人口1/3以上未签订劳动合同，比例较高。

签订劳动合同方面，就业的少数民族流动人口雇员签订有固定期限的劳动合同的比例为43.6%，比汉族低8.3个百分点；签订无固定期限劳动合同的比例为14.4%，比汉族高3个百分点；而未签订劳动合同的比例高达35.9%，高于汉族5.5个百分点。

3. 接受培训的比例较低。

少数民族流动人口与汉族相比，接受培训的比例较低。在已就业的少数民族流动人口中，接受过政府、单位或专门机构组织的工作技能培训的比例只有25.8%，比汉族低5.5个百分点。

4. 社会保障程度较低。

19.5%的少数民族流动人口在现居住地至少参加了一项社会保险；未参加任何保险的比例达到68.9%。

四、少数民族流动人口的地域特征

少数民族流动人口中，66.2%为跨省流动，19%为省内跨市流动。少数民族跨省流动人口主要流向经济发达地区，流入最多的为广东省，占26.2%，其次为浙江省，占22.7%。

（一）流入地分析

少数民族流动人口主要集中于华南地区（34.1%）、华东地区（31.6%）和西南地区（12.1%），三者占流动人口的77.8%。西北地区和华北地区分别占10.1%和9.5%，华中和东北地区则相对较少。少数民族与汉族的主要流入地都集中在华南和华东地区，但排序先后不一。西南和西北地区的少数民族流动人口比例则高于汉族的相应比例（见表5）。

表5 汉族与少数民族流动人口流入地分布情况 单位：人，%

流入地	少数民族		汉族		合计	
	人数	百分比	人数	百分比	人数	百分比
华北	1 672	9.5	37 073	13.0	38 745	12.8
东北	214	1.2	4 111	1.4	4 325	1.4
华东	5 577	31.6	119 331	42.0	124 908	41.4
华中	251	1.4	10 082	3.5	10 333	3.4
华南	6 009	34.1	87 866	30.9	93 875	31.1
西南	2 131	12.1	16 991	6.0	19 122	6.3
西北	1 778	10.1	8 826	3.1	10 604	3.5
合计	17 631	100.0	284 280	100.0	301 911	100.0

从南北方来看，少数民族流动人口倾向于向南流动，流入南方省份比例为75.5%，流入北方为24.5%，相差51个百分点。这与几个主要经济发达地区集中于南方，而且南方少数民族不愿意到北方工作生活有关。

少数民族流动人口在流动选择方面与其所分布的地区存在一定的相关性。华东地区、华南地区以跨省流动为主；华南地区以市内跨县和省内跨市为主；西北、西南地区以省内跨市为主，市内跨县流动为辅；东北地区以省内跨市为主。

（二）流出地分析

少数民族流动人口主要来自贵州（23.5%）、广西（21.4%）和湖南（10.2%），这三个省（区）的总数占少数民族流动人口的一半以上。其他流出人口较多的省（区）有云南、新疆、内蒙古、湖北、甘肃等。

贵州流出的少数民族以苗族、布依族、瑶族为主，广西以壮族为主。居于少数民族流动人口首位的壮族主要来自广西，位居第二位的苗族则来自贵州和湖南。

汉族流动人口按流出地域排序为华东地区（35.3%）、华中地区（21.2%），两者相加占汉族流动人口的一半以上；接下来依次为西南地区（17.2%）、华南地区（13.6%）、华北地区（6.5%）和西北地区（3.2%）。

少数民族流动人口按流出地域排序为西南地区（36.8%）、华南地区（22.7%），两者占少数民族流动人口的一半以上；接下来依次为华中地区（14.2%）、西北地区（12.5%）、华北地区（7.2%）和东北地区（3.7%），与汉族人口流动的趋势有一定差异（见表6）。

表6　流动人口流出地分布情况　　单位：人,%

流出地	少数民族		汉族		合计	
	人数	百分比	人数	百分比	人数	百分比
华北	1 264	7.2	18 558	6.5	19 822	6.6
东北	650	3.7	8 122	2.9	8 772	2.9
华东	513	2.9	100 436	35.3	100 949	33.4
华中	2 504	14.2	60 362	21.2	62 866	20.8
华南	3 999	22.7	38 614	13.6	42 614	14.1
西南	6 490	36.8	49 023	17.2	55 513	18.4
西北	2 206	12.5	9 024	3.2	11 231	3.7
港澳台	5	.0	141	.0	146	.0
合计	17 631	100	284 280	100	301 911	100

在少数民族流动人口流入的几大省份中，经济发展居全国前列的广东、浙江、江苏三省的流出人口以省内跨市为主，其他省份均以跨

省流动为主。

少数民族人口流动与其民族分布有一定关系。几个主要少数民族，如满族、维吾尔族和朝鲜族的人口比例，与其在少数民族流动人口中的排序并不一致。一方面是由于该少数民族所处地域离经济发达地带较远，另一方面也不能排除流动人口动态监测调查抽样分布的影响。

就总体而言，户籍地位于南方省份的少数民族大都流动到南方地区，很少流动到北方；而户籍地在北方省份的少数民族则较少流动到南方地区。

五、对策建议

少数民族流动人口的出现和增长主要有以下几方面的原因：一是户籍地生活艰难，经济发展水平与城市存在较大差距，希望寻求新的机会以改变自身境况；二是民族地区工农业基础薄弱，吸纳不了更多的年轻人就业，使得大量剩余劳动力外流；三是现代化都市在就业机会、收入水平和生活条件等方面的巨大诱惑，吸引着大量少数民族劳动力，特别是年轻人涌入城市。综上所述，提出以下对策建议：

第一，少数民族流动人口具有自身特点，应加强相关方面的研究，准确及时地把握少数民族流动人口信息，为相关部门决策提供基础资料。

第二，少数民族流动人口的受教育程度低于总体水平，应重视民族地区的基础教育，特别是中等教育。经济收入与受教育程度、工作性质密切相关，只有少数民族流动人口的教育水平得到提高，才能改善其职业行业分布，并逐步提高他们的收入水平。

第三，少数民族流动人口的移动范围表现出一定的地域性。为了便于城市管理并维护少数民族的合法权益，需要加强少数民族地区的就业引导，推动少数民族合理有序地流动。

第四，少数民族接受过工作技能培训情况低于汉族，需加强少数民族地区的就业技能培训工作，增强少数民族外出务工人员的竞争力，进而提高其生活水平。

报告七

生态脆弱地区人口流动调查分析

为研究生态脆弱地区人口流动迁移情况，2011年国家人口计生委开展了生态脆弱地区人口流动及其影响因素监测调查。我国主要生态脆弱区类型包括：(1) 东北林草交错生态脆弱区；(2) 北方半干旱农牧交错脆弱区；(3) 北方干旱绿洲—沙漠过渡脆弱区；(4) 南方红壤丘陵山地生态脆弱区；(5) 南方喀斯特山地脆弱区；(6) 西南山地河谷脆弱区；(7) 藏南山地脆弱区；(8) 沿海水陆交接带生态脆弱区。本次调查涉及(2)、(3)、(5) 三种类型。调查共涉及7省（区）的15个县①。

一、生态脆弱地区人口、经济与资源、环境特征

（一）人口密度较大，人口分布不均匀，部分地区人口增长较快

调查地区人口密度均值为118.7人/平方公里，相对于脆弱的生态环境而言，人口密度较大。根据联合国荒漠化会议，干旱和半干旱地区人口密度的临界值分别为7人/平方公里和20人/平方公里，而我国这些地区的人口密度超过临界标准几倍到几十倍不等。属南方喀斯特山地脆弱区的贵州省织金县人口密度超过380人/平方公里，而属北方干旱绿洲—沙漠过渡脆弱区的甘肃省民勤县99%以上的人口集中居住在5.5%的绿洲区域内，以此计算的绿洲人口密度高达340人/平方公里，两倍于2010年全国平均人口密度（141.7人/平方公里），内蒙古自治区鄂托克旗人口密度最低，不足5人/平方公里，与合理密度基本一致。

调查地区户籍人口自然增长率平均为5.4‰，与全国2000～2010年间平均值（5.7‰）大致相等。南方喀斯特山地脆弱区人口增长较

① 甘肃省民勤县、临洮县、东乡县、天祝藏族自治县，青海省化隆回族自治县，新疆维吾尔自治区沙雅县，内蒙古自治区鄂温克旗、四子王旗、鄂托克旗，广西壮族自治区大化瑶族自治县、隆林各族自治县，贵州省织金县、镇宁布依族苗族自治县、荔波县，云南省宣威市。

快，其中广西隆林各族自治县2011年自然增长率高达14.2‰。

（二）经济发展水平落后，人均收入低，经济来源单一

除内蒙古鄂托克旗、鄂温克旗和云南省宣威市等资源主导性地区外，其余12个县人均GDP平均为8 664元，远低于2010年全国平均水平（29 992元）。15个调查县农民年人均纯收入均值为4 177元，低于2010年全国农民人均纯收入（5 919元），城镇居民可支配收入均值仅为11 785元。贵州省镇宁布依族苗族自治县和甘肃省东乡县农民年人均纯收入低于国家的新扶贫标准（2 300元）。

调查地区家庭经济来源较为单一，不同类型生态脆弱区的家庭经济来源差异明显（见表1）。南方喀斯特山地脆弱区家庭经济来源以农业为主（72.2%），以外出从业人员汇款为辅（14.14%）；北方半干旱农牧交错脆弱区家庭经济来源以农业和畜牧业为主，比重各占26%左右，非农收入比重最高，为32.37%，转移性收入接近10%，而外出从业人员汇款所占比重不足1%；北方干旱绿洲—沙漠过渡脆弱区家庭经济来源以农业为主（81.5%），本地非农收入和外出从业人员汇款各约占6%。从外出从业人员汇款反映人口流出对居民家庭收入的影响考虑，南方喀斯特山地脆弱区人口外出对家庭经济贡献最大，北方半干旱农牧交错脆弱区相对较小。

表1　不同生态脆弱类型区家庭主要经济来源　　单位：%

主要经济来源	南方喀斯特山地脆弱区	北方半干旱农牧交错脆弱区	北方干旱绿洲—沙漠过渡脆弱区
农业	72.22	26.20	81.53
养殖业	0.37	0.06	0.29
畜牧业	0.07	26.39	2.22
本地非农收入	5.72	32.37	5.93
无收入	1.50	2.52	0.97
转移性收入	3.82	9.81	1.33
外出从业人员汇款	14.14	0.24	6.00
其他	2.17	2.41	1.73

（三）脆弱的生态环境与贫困现象高度关联

调查乡贫困村比重为61%，贫困人口比例高达39.6%，远高于全国贫困人口比重（9.55%）。南方喀斯特山地脆弱区调查乡贫困村比

重为 60.1%，贫困人口比重为 31.9%；北方干旱绿洲—沙漠过渡脆弱区调查乡贫困村比重为 70.1%，贫困人口比重为 55.2%；北方半干旱农牧交错脆弱区调查乡贫困村比重为 39.6%，贫困人口比重为 22%。

（四）土地退化严重，水资源和能源利用结构区域分异特征明显

调查分析表明，不同类型脆弱区土地退化严重，但存在明显的区域分异特征。北方半干旱农牧交错脆弱区主要表现为土地沙化和水土流失，鄂托克旗沙化土地面积比重为 14.56%，水土流失面积占总面积的比例高达 87.4%。北方干旱绿洲—沙漠过渡脆弱区主要表现为土地荒漠化，民勤县荒漠化面积已占土地面积的 94.5%。南方喀斯特山地脆弱区以土地石漠化和水土流失为主，石漠化土地面积达到 21%，其中织金县石漠化土地面积高达 26.4%，水土流失面积为 61.7%。

调查地区以农业用水为主，其中北方干旱绿洲—沙漠过渡脆弱区农业用水占其总用水量的 87.8%，南方喀斯特山地脆弱区和北方半干旱农牧交错脆弱区分别为 65.9% 和 35.2%。不同类型生态脆弱区之间水利用差别较大，南方喀斯特山地脆弱区饮用水和灌溉用水均以地表水为主；北方半干旱农牧交错脆弱区以地下水为主；北方干旱绿洲—沙漠过渡脆弱区饮用水以地下水为主，农业灌溉用水以地表水为主。

被调查地区日常能源以煤为主，占 31.6%，其次为农田秸秆（22.7%）和林木（19.2%），但不同类型区能源利用结构有一定差异。南方喀斯特山地脆弱区以林木为主要能源，所占比例为 37.5%，煤仅占 18.0%；北方半干旱农牧交错脆弱区以煤（44.1%）为主要能源；北方干旱绿洲—沙漠过渡脆弱区分别以农田秸秆（44.3%）和煤（38.96%）为主，贡献了能源利用的 83% 以上（见图 1）。

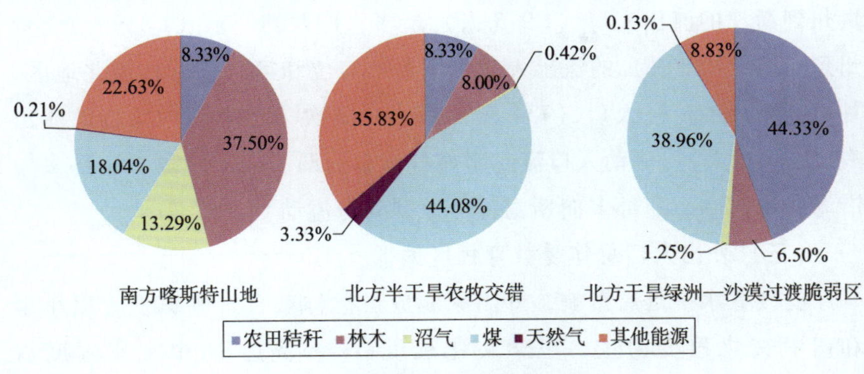

图 1　调查社区能源利用结构特征

（五）生态脆弱类型区自然灾害频繁，受灾人口比重较大

调查地区2010年自然灾害受灾人口比重高达41.2%，受灾人口比重40%以上的乡级监测点有27个，几乎占该地区监测点数量的一半。灾害类型多样，包括旱灾、洪涝、滑坡、泥石流等。各类型区中南方喀斯特山地脆弱区自然灾害受灾人口比重最大，占50.46%；北方干旱绿洲—沙漠过渡脆弱区次之，占42.74%；北方半干旱农牧交错脆弱区最低，占19.42%。

二、生态脆弱地区人口迁移和流动特征

（一）户籍迁移较少，以人口流出为主

调查地区户籍迁移较少，2010年人口净迁移率为1.48‰。从家庭问卷调查结果来看，户籍迁移的主要原因是婚嫁（53.2%），其次为求学（32.9%）和工作（10%）。从迁移距离上来看以省内迁移为主（67.6%）。

调查地区是我国的人口净流出区，流出人口比例达25.26%，高于2010年全国流动人口比例（16.5%）。

（二）以省际流动为主，呈向东部沿海和西部资源型省份流动的态势

家庭问卷数据显示，生态脆弱区外出人口以省际流动为主（59.8%），其中南方喀斯特山地脆弱区的贵州县荔波县、镇宁布依族苗族自治县，广西大化瑶族自治县、隆林各族自治县省际流动比重在75%以上。

从调查户籍地和现居住地构建的省际人口流动OD矩阵来看，从贵州到浙江的流出人口（1 975人）最多，广西到广东（1 859人）、贵州到广东（871人）的流出人口分别为第二位和第三位。在西北地区，甘肃到新疆的流出人口（734人）最多，其次为甘肃到内蒙古的流出人口（346人）。流动人口流向明显具有东西两头流动特征，东部多向沿海省份流动，西部多向新疆等资源型省份流动（见图2）。

（三）外出人口总体受教育程度偏低

受教育水平落后影响，外出家庭成员总体教育水平偏低，以小学和初中文化程度为主，小学文化程度占34.7%，初中文化程度占40.2%，高中文化程度占5.3%，中专文化程度占2.4%，大学及以上

图 2　被调查家庭外出成员省际流动方向

学历文化程度仅占 8.5%。

（四）“三留守”家庭比重较高

被调查家庭 16～59 岁的留守成员共计 39 011 人。以家庭户汇总分析，有留守儿童家庭户占被调查家庭户数的 8.90%，有留守老人家庭户占被调查家庭户数的 7.60%，有留守配偶家庭户占被调查家庭户数的 6.41%，三者之和为 22.9%，即超过 1/5 的调查家庭存在“三留守”（留守儿童、留守老人和留守配偶）现象。南方喀斯特山地脆弱区“三留守”人员家庭户数占被调查家庭比重最大（34%），北方干旱绿洲—沙漠过渡脆弱区次之（22%）。

（五）各类型区人均耕地差异明显，人口外出后没有耕地撂荒现象

以县为单元分类汇总的人均耕地和留守劳动力人均耕地指标如表 2 所示。三个生态脆弱类型区中，南方喀斯特山地脆弱区人均耕地远低于全国平均水平（1.48 亩），广西大化瑶族自治县和贵州省织金县、镇宁布依族苗族自治县和荔波县低于联合国确定的人均耕地 0.8 亩的警戒线。即使在大量劳动力流出后，该脆弱区 6 个县留守劳动力人均耕地仅为 1.8 亩。北方干旱绿洲—沙漠过渡脆弱区人均耕地高于喀斯特山地脆弱区，但差异较大，甘肃省东乡县、天祝藏族自治县和青海省化隆回族自治县人均耕地在2亩以内，而新疆沙雅县人均耕地高达5.0亩。北方半干旱农牧交错脆弱区人均耕地均高于上述两类脆弱区。

表2　调查县人口外出前后人均占有耕地情况

县名	人均耕地（亩）	留守劳动力人均耕地（亩）	比值	脆弱区类型
鄂温克旗	-	-	-	北方半干旱农牧交错脆弱区
四子王旗	4.39	14.74	3.36	
鄂托克旗	2.95	25.63	8.69	
大化瑶族自治县	0.47	1.53	3.26	南方喀斯特山地脆弱区
隆林各族自治县	1.24	3.28	2.65	
织金县	0.33	1.03	3.12	
镇宁布依族苗族自治县	0.65	1.95	3.00	
荔波县	0.73	1.89	2.59	
宣威市	1.27	2.67	2.10	
民勤县	2.51	4.57	1.82	北方干旱绿洲—沙漠过渡脆弱区
临洮县	2.33	4.71	2.02	
东乡县	0.84	2.30	2.74	
天祝藏族自治县	0.95	3.31	3.48	
化隆回族自治县	1.10	3.23	2.94	
沙雅县	4.46	7.74	1.74	

调查表明，调查家庭自主经营耕地的比例占96.9%，少有耕地撂荒现象。人员外出后，家庭缺少劳动力或留守劳动力不够时，常采取转包或租赁（59%）、免费让别人耕种（24%）或雇人耕种（11%）等方式开展农业生产。

（六）典型案例

贵州省镇宁布依族苗族自治县位于南方喀斯特山地脆弱区，属亚热带湿润季风气候区，是贵州岩溶地貌发育最典型的地区之一，山地和丘陵面积占全县总面积的73%。该县是典型的农业县，耕地资源极度匮乏，人均耕地仅约0.6亩，加上土层薄，土壤发育缓慢，溶蚀、水蚀较为严重。2000年流出人口比重为7.47%，本次调查流出人口比重为26.8%，均高于全国平均水平。该县为国家级贫困县，2/3的乡镇为贫困乡镇。所辖扁担山乡人均耕地0.42亩，流出人口比重高达53%。

甘肃省东乡族自治县位于北方干旱绿洲—沙漠过渡脆弱区，具有大陆性季风气候和高原边坡气候特色，属于黄土高原浅山丘陵区，海拔较高，境内群山起伏，梁峁和沟壑地形发育，植被较差，水资源非常贫乏，灾害频繁，生态环境脆弱。该县以农业为主，是一个典型的旱作农业贫困县，人均耕地1.2亩，山地型耕地占耕地面积的87.3%。2010年农民年人均纯收入1 814元，低于国家新的扶贫标准线。2000年东乡县流出人口比重为0.38%，本次调查流出人口比重为11.8%。10年间流出人口比重增长了30多倍，远高于全国流出人口比重涨幅（从5.4%到16.5%），外出务工人员以吃苦耐劳著称，号称"东乡铁军"。

内蒙古自治区四子王旗位于北方半干旱农牧交错脆弱区，属中温带大陆性季风气候，地处阴山北缘，山地和丘陵面积比重约60%。该县以畜牧业为主，农牧结合，为国家级贫困县。境内地表水主要以塔布河流域为主，其他区域地表水资源贫乏且利用困难、经济效益低。该县降水少而多风，加上人为的乱砍、乱伐、过度放牧，造成严重的水土流失。2000年四子王旗流出人口比重为11%，本次调查流出人口比重为23%。严重水土流失和草地退化极大地影响了农民生计，促进了该旗人口外出就业。

三、促进生态脆弱地区可持续发展的对策建议

（一）加强生态脆弱地区人地关系研究，合理引导人口有序流动

生态脆弱地区是国家生物多样性保护的重点地区，也是我国重要的生态屏障。要真正化解生态脆弱区生态压力和人地矛盾，需要进一步控制人口规模，通过发放培训券、技术培训等方式鼓励劳动力外出就业，引导人口有序流动和转移，以减轻当地的生态与资源压力，实现生态脆弱地区的可持续发展。

（二）加强对生态脆弱地区的帮扶和救助，改善留守群体生活水平

发展生态脆弱地区适宜产业和扶贫项目，改善留守群体生存和发

展状况。设计多样化的留守群体关怀关爱项目，解决留守老人在养老、医疗等方面的现实问题。改善留守儿童营养状况，加强隔代教育对留守儿童身心健康影响的比较研究，设计留守儿童教育和心理干预项目。加强留守妇女职业培训和再教育，促进留守妇女本地非农就业。加强防灾培训，提高留守群体自救能力。

（三）加强生态脆弱地区人口流动及其相关影响因素监测，扩大监测范围

生态脆弱地区的人地关系调查研究是一项重要的基础性工作，本次调查提供了许多有益的数据与结论，但由于覆盖区域和样本量偏小，还不能全面揭示生态脆弱地区的人口发展和资源环境的关系。建议国家加强生态脆弱地区人口流动及其相关影响因素监测，扩大监测范围，获取更为准确、及时的流动人口与资源环境数据，同时加强生态治理和保护力度，降低开发强度，根据生态环境承载力确定合理的采伐量、载畜量等，优化能源利用结构，促进脆弱地区生态保育。

二、流动人口社会融合专题

Part Two. Social Integration of Migrant Populaiton

报告一

流动人口社会融合指数分析

社会融合是一项复杂的系统工程，需要包括政治、经济、文化在内的各种社会要素和个体要素的整合，需要制度与体制的创新和人群之间的理解、尊重、包容、接纳。然而，由于种种因素的影响，部分流动人口没有被纳入流入地社会的制度建构之内，与本地市民之间尚未完全交融。破解城乡二元体制难题，促进不同人群之间的社会融合，是我国“十二五”时期及未来较长时期内经济建设和社会建设的主要任务。

本报告在简要总结回顾 2009 ~ 2011 年流动人口社会融合指数研究的基础上，利用最新的 2011 年全国流动人口动态监测调查数据和定性访谈资料，对流动人口在流入地的社会融合状况进行分析。

一、流动人口社会融合指数研究进展

为便于政府和社会了解流动人口在流入地社会融合状况，推动流动人口的社会融合，国家人口计生委于 2009 年启动“流动人口社会融合指数指标体系构建”项目，经过 2010 年和 2011 年的发展与完善，该研究的适用性和应用性不断提高。

（一）流动人口社会融合指数构建简要回顾

三年的流动人口社会融合研究既保持了理论、方法、结论的一致性和稳定性，也通过不断地探索分析、积累经验，在研究目标、测评维度、关注重点、研究内容等方面进行了完善。主要有以下几个特征：

一是理论框架的统一性和研究方法的一致性。三年的研究都是在融合理论的指导下进行的，确保研究的逻辑性、系统性和连贯性。同时，三年的研究都根据社会融合指标体系，以因子分析为具体方法，构建和计算流动人口社会融合综合指数，以简明的方式系统综合地反映流动人口在流入地的社会融合状况。

二是研究目标的渐进性和研究内容的互补性。2009 年年初步构建了体现中国特点的流动人口社会融合指标体系；2010 年对融合指标、变量测量、对象选取、结果评价等予以改进；2011年一方面进行定性研究，深入探讨影响社会融合的多层多元因素，另一方面回顾三年的研究结果并进行提炼，进一步完善政策指标体系。三年的研究，既有对重点地区社会融合的深入了解，也有在全国范围对社会融合的详细分析；既有绝对融合水平的差异性比较，也有相对融合水平的一致性研究；既有对现状与特征的一般性描述，也有对影响因素、作用机制的深层次的探究；既有个体层面的仔细刻画，也有宏观层面的政策探索。研究维度渐趋完善、指标逐渐健全、效度不断增加，有力地推进了理论的发展和实践的应用。

三是关注重点的差异性和研究结果的稳定性。一方面，不同年份的研究，具有不同的关注重点。2009年特别关注流动人口的经济融合水平，2010年重视公共服务政策所起的作用，2011年侧重研究流动人口的行为参与和心理感受。关注重点的变化使社会融合研究具有时效性和现实性，能够及时、有效地反映政府、社会所关注的焦点问题。另一方面，尽管每年的“流动人口动态监测”在调查地区、调查对象、问卷内容等方面有所不同，但三年调查数据的主要分析结果比较稳定，且与2005年全国1%人口抽样调查数据中类似指标的分析结果十分一致。

（二）流动人口社会融合指标与指数设计

到目前为止，初步形成了涵盖五个维度——即公共服务、社会保障、经济地位、社会参与、身份认同——的指标体系框架。其中，政府能否真正落实“属地化管理、市民化服务”原则，将流动人口公共服务纳入地方经济社会发展规划，对流动人口社会融合具有重要影响；工伤、养老、医疗、失业、居住等社会保障是流动人口经济社会生活的防护网；经济地位是流动人口立足流入地的基础，是融合的客观维度，就业机会、职业声望、工作时间、收入水平、居住条件等均为其重要衡量指标；社会参与是流动人口城市生活的拓展和深化，反映了社会融合的广度，既影响其他维度的融合，又受制于其他维度的融合水平；身份认同体现了流动者与本地人之间的心理距离、认同感和归属感，反映社会融合的深度，是社会融合的最高境界。每个维度之下包含若干指标与变量。这些指标和变量是构成社会融合指数的基础元素。

在确定指标体系以后，通过构建五个维度的分指数，并将分指数综合成总指数，进行流动人口社会融合的综合分析。其简要步骤是：首先对数据进行标准化处理，消除原始变量不同量纲的影响，使不同数据指标具有可比性；其次，使用因子分析法，提取不同维度的公因子，分别反映流动人口的公共服务、社会保障、经济地位、社会参与和身份认同各方面的融合现状；最后，基于每个维度的因子，构建流动人口社会融合的总指数，以简明的方式反映流动人口的总体融合现状与特点。

二、流动人口社会融合的现状与特点

2011 年的流动人口社会融合研究沿用 2010 年的基本框架，利用最新的 2011 年调查数据，分析融合的现状、特征、影响要素和作用机制，同时也利用最新数据，对流动人口社会融合指标体系进行检验。

本次测算样本量为 58 684①。其中，城 - 城流动人口占 17.2%，乡 - 城流动人口占 82.8%。基于数据的可得性，测评变量与往年相比略有调整。具体指标见表 1。

（一）流动人口社会融合的现状

数据的分析结果（见表 2）表明，流动人口的总体融合水平不高（36.4 分）。其中，城 - 城流动人口的融合状况显著超过乡 - 城流动人口的融合水平，二者分别为 45.2 分和 34.6 分。

表 1　2011 年流动人口社会融合指标体系

融合维度	融合指标	测评变量
公共服务	求职就业	政府是否帮助找到工作；是否接受过政府培训
	住房提供	政府是否提供住房
	子女就学	是否上公立学校；是否缴纳赞助费
社会保障	工伤保险	是否参加本地工伤保险
	医疗保险	是否参加本地医疗保险
	养老保险	是否参加本地养老保险
	失业保险	是否参加本地失业保险
	住房补贴	是否参加本地住房公积金/补贴
	劳动合同	是否签订劳动合同

① 2011 年监测数据中，一些本项研究需要的关键数据（如收入）仅对流动人口中的雇员进行了调查，为保证指标体系的一致性和完整性，本报告仅对“雇员流动人口”进行了分析。

续表

融合维度	融合指标	测评变量
经济地位	就业机会	就业状况
	职业声望	所从事的职业
	收入水平	上个月的工资、经营性收入
	工作时间	每周平均工作几小时
	住房条件	住房内是否有自来水、卫生间、厨房、洗澡设施
社会参与	文体活动	是否参加社区文体活动
	公益活动	是否参加社区公益活动（如献血、募捐、做义工等）
	社区选举	是否参加业主委员会活动、选举和评先进等活动
	休闲活动	主要休闲活动模式是什么
身份认同	心理意愿	是否喜欢、关注、愿意融入现居城市
	融洽程度	本地人是否愿意接受自己成为其中一员

表 2　2011 年流动人口社会融合指数得分

融合维度	全部流动人口	城－城流动人口	乡－城流动人口
总指数	36. 44	45. 21	34. 62
公共服务	37. 38	40. 83	36. 87
社会保障	27. 97	45. 32	24. 37
经济地位	43. 95	50. 51	42. 59
社会参与	14. 71	19. 99	13. 62
身份认同	77. 20	79. 67	76. 68

在五个融合维度中，身份认同程度较好，经济融合状况、公共服务状况居于中间水平，社会参与和社会保障水平不高。流动人口的身份认同得分最高，为 77. 20 分，经济地位 43. 95 分，公共服务 37. 38 分，社会保障 27. 97 分，而社会参与仅 14. 71 分。在城－城流动人口与乡－城流动人口中，社会保障的差别尤为突出。

（二）流动人口社会融合的特点

一是融合水平随受教育程度的提高而明显改善。例如，拥有大专及以上学历的流动人口融合水平最高（58. 1 分），超过小学及以下受教育程度的流动人口 22 个百分点。男性与女性、在婚与不在婚、青年流动人口与年长流动人口之间的总体融合水平并无明显差异；但汉族流动人口的融合水平略好于少数民族流动人口。

二是就业于金融文教机关等行业的流动人口总体融合水平、公共服务、社会保障、社会参与、身份认同等方面都较好，采掘、电煤、服务、制造业其次，建筑业再次，批发、餐饮、交通等行业又次，最后是农业和其他行业。就单位性质而言，除没有单位之人外，外企员工的经济融合状况最好，其后依次为政府、国企和集体企业、私营企业、其他单位的就业人员，最后是个体工商户。受雇于个体工商户雇员的社会参与和身份认同程度也都低于其他行业和单位的就业者。

三是流动所跨越的行政区划越小，总体融合水平越高，但经济融合水平不高；反之，所跨越的行政区划越大，总体融合水平越低。在流入地的居留时间与总体融合水平呈正线性关系，即流动人口在流入地居留时间越长，融合程度越高。

四是各大经济带之间，流动人口的总体融合水平差别不大，但五个具体维度存在较大差别。如表 3 所示，公共服务方面，海西地区融合水平最高，珠江三角洲最低；在社会保障和经济地位融合方面，珠江三角洲得分最高，其他地区得分较低；环渤海和海西的社会参与得分较高；环渤海和其他地区的身份认同程度较高，而长江三角洲、珠江三角洲和海西的相应得分较低。

表 3　2011 年各经济带流动人口社会融合指数得分

融合维度	珠江三角洲	长江三角洲	环渤海	海西	其他地区
总指数	39.53	35.04	37.97	35.72	36.65
公共服务	35.83	36.72	37.99	38.41	37.48
社会保障	41.70	33.99	30.71	30.13	21.65
经济地位	46.86	44.59	45.02	43.50	42.75
社会参与	14.10	9.28	17.10	18.67	15.57
身份认同①	72.07	73.61	78.65	73.34	79.41

注：珠江三角洲经济带指广东省中部珠江三角洲地区；长江三角洲经济带指江苏省东南部、浙江省东北部和上海市；环渤海经济带指辽东半岛、山东半岛、河北省中南部等地区；海西经济带指福建省、浙江省南部、广东省东部和江西省东部等台湾海峡西岸地区。

① 此处身份认同仅反映出流动人口的认同意愿，而非认同结果，因此得分较高。

三、流动人口社会融合的影响因素及作用机制

基于个案访谈和焦点组座谈资料，本报告分析了影响流动人口公共服务、社会保障、经济地位、社会参与和身份认同的多方面要素和作用路径。

（一）资源配置局限和缺乏针对性等因素影响了流动人口享受流入地公共服务

一方面，子女教育、保障性住房等公共服务资源通常是有限和稀缺的，一般优先满足本地人口的需求；只有在户籍居民的权益得到保障基础上，才可能考虑流动人口的服务与需求。另一方面，当前开展的一些就业指导、职业培训等公共服务措施，缺乏针对性和可及性，未能真正提高流动人口职业技能，增加其就业和晋升机会。

（二）流动人口参保率不高主要是由于转移接续不便、防御风险的意识不强等多方面因素的综合作用

其一，各地社会保障计算口径不一，转移接续程序复杂，从低缴费区域转移到高缴费区域还有较大难度。其二，不少流动人口认为自己年轻体健，暂时无须考虑看病、养老等问题，所以并不主动参加社会保障。有些用工单位出于自身利益考虑，不愿与员工签订劳动合同，家族企业、个体经商户多不与雇员签订劳动合同，都导致流动人口劳动合同签订率不高。

（三）劳动力市场分割、较低的工资标准是制约流动人口经济地位提高的主要因素

其一，城乡劳动力市场分割直接或间接地将部分流动人口排斥在收入较高的职业之外；而且，一些地方的本地人对外来人不放心，不愿让流动人口负责重要岗位和关键职位。其二，较低的工资标准和不规范的计酬方式使许多流动人口工作时间较长、劳动强度较大。其三，受经济条件的限制，流动人口很难承受流入地的高房价，主要租房居住，居住条件相对较差。他们认为“没有自己的房子就是没有扎根的地方”，常常因为房租、环境、工作变动等因素而变更居住地点，缺乏稳定感和安全感。

（四）行为差异、工作繁忙等因素致使流动人口社会交往程度和社区参与比例较低

其一，一些流动人口的生活习惯与户籍人口存在较大差异，有的

习惯和行为难以得到本地市民的理解与包容，加上语言交流可能存在障碍，他们的人际交往仍然以初级关系网络为主，与当地居民的接触和交流较少。其二，很多流动人口虽然非常乐意参加各种社区活动，愿意增加与本地市民的互动、沟通机会，但往往忙于工作、忙于家庭事务而没有时间参加这些活动。

（五）内外隔离、福利差异和有些市民的不包容态度影响流动人口实现对流入地社会的认同，使他们感到身份迷茫、缺乏归属感

其一，户籍制度的隔离和内外关系的固化，使很多流动人口认为，流入地社会是“外在的”、“他们的”，而不是“自己的”、“我们的”。其二，流动人口的福利待遇和生活水平与本地市民之间还存在较大的距离，影响到他们对本地的认同感和归属感。其三，有的本地人不把流动人口当成“自己人”，看不起他们。因此，较多流动人口更认可自己在流出地的身份。

四、推进流动人口社会融合的政策思考与建议

基于数据分析结果和现实情况，本报告提出改善流动人口生存发展状况、促进流动人口社会融合的政策思考和建议。

（一）探索社会保险转移接续的便利程序，提供多样化的保险套餐

探索社会保障低缴费区域向高缴费区域转移的方式方法，消除流动人口的参保顾虑；提供更多可供流动人口选择的保险套餐，满足不同人群的差异性需求，使流动人口更易于选择适合自身条件的参保方式；加大宣传力度，逐步改变部分流动人口对社会保险存在的认识误区，使他们了解参保的优点与好处，提高参保热情。

（二）促“乐业”、保“安居”，改善流动人口的经济融合状况

各城市结合当地经济发展水平、企业工资制度、生活消费支出等指标，建立最低工资标准，提高流动人口的工资收入水平；加强针对流动人口的职业指导、职业咨询、职业介绍、职业服务等；将流动人口纳入城市住房建设规划，逐渐将公租房、廉租房、经济适用房等各类保障性住房向该人群开放；鼓励企业、工厂等向流动人口提供单位住房、职工宿舍、集体租房等；改善流动人口的居住设施，使他们对流入地有“家”的感觉。

（三）构筑交往载体、搭建对话平台，提高流动人口的社会参与程度

采取多种形式，组织、鼓励流动人口参与社区活动，使流动人口增进与本地户籍居民的相互了解和情感沟通，建立比较丰富和融洽的人际关系；保障流动人口平等享有参加工会、党团组织、选举活动和社区管理活动的权利，并通过民间组织或政府主导模式，搭建流动人口与社区管理之间的对话平台，为他们提供灵活多样的利益表达途径和诉求渠道。

（四）加强文化引导，促进流动人口的身份认同

通过流动课堂、电视网络、图书报纸等，积极引导和激励流动人口了解流入地的风俗习惯和价值观念，帮助流动人口尽快熟悉流入地的社会生活；同时，努力减少和消除本地市民对流动人口的心理隔阂及行为排斥，帮助他们正确处理与流动人口的关系，平等、和睦、友善地对待流动人口。

报告二

流动人口社会融合政策指标体系框架研究

2011 年国家人口计生委流动人口动态监测数据显示，超过 92% 的流动人口愿意成为流入地的一员，表现出强烈的融合意愿。对此，需要制定、完善和落实促进流动人口社会融合的公共政策，使他们享有与户籍人口同等的机会和待遇。科学、系统的流动人口社会融合政策指标体系可作为测评各地政府均等化公共管理与服务落实情况的参照基准。

本研究尝试构建流动人口社会融合政策指标体系框架，目的在于为政府机构找到改进公共服务政策的突破口、提高流动人口的服务管理水平、制定并落实流动人口社会融合政策提供一定的决策支持。这是一项长期的、复杂的工作。本研究在实地调研和专家座谈相结合的基础上，以较为成熟的欧盟“移民融合政策指数”作为参考，结合中国的具体情况，突出中国流动人口最迫切、最关键的问题，在这方面进行探讨。

一、欧盟“移民融合政策指数”的构建与经验

欧盟是世界上最早以政府为主导、通过评估公共政策实施效果推进移民社会融合实践的地区。2003 年，欧盟和欧洲委员会明确将移民的社会融合纳入公共政策的构架之中，并在英国委员会和移民政策组的领导下，专门制定了促进其社会融合的公共政策，构建了一个欧盟成员国及美国等国通用的“移民融合政策指数”（Migrant Integration Policy Index，MIPEX）。遍及欧美 31 个国家的 37 个国家级组织、150 多位专家根据统一的体系框架，基于体系中的指标，搜集各相关国家移民融合政策数据，通过标准化数据、计算得分、比较分析，旨在为各国政府改进移民融合政策提供一个参考指南和互动工具，为众多利益相关者提供全面、清晰、可及的信息。

MIPEX 源于 2004 年，2007 年和 2011 年两次更新。2011 年的指标

体系包括7大领域：劳动力市场准入、家庭团聚、教育、长期居住、政治参与、入籍、反歧视。每个领域均从资格要求、条件、措施和权利4个方面考察移民所能享受到的身份和保护的政策水平，每个方面又涵盖若干具体可测的变量，2011年共收集了200多个政策指标。

MIPEX对每个政策模块制定出使移民享有公平权利、责任和机会的最高标准，各国政策都与之对比。每个指标有三个选项：最不利、较不利、有利，分别赋值1分、2分、3分，由150多位专家进行评分。对各国数据标准化之后进行横向比较，可评估各成员国对移民的接纳程度；通过与其他年份的同类政策进行纵向对照，可了解各国在不同政策方面的纵向变动情况。

MIPEX具有较强的可行性与可推广性，方法也较为成熟。但是，欧盟的社会经济高度发达，其移民融合政策渐趋稳定、成熟；而中国尚处于转型发展时期，隔离城乡的二元户籍制度尚未消除，流动人口的规模十分庞大且特点也不断变化，国情与欧盟的情况差别甚大，不可完全套用欧盟的指标体系。不过，在社会政策领域，欧盟一些先进的理念、做法和经验，对中国具有深刻的启示。因此，在构建中国的政策指标体系框架时，可以借鉴欧盟的指标体系，吸取现有研究的经验教训。当然，必须密切结合国情，从最基本、最主要的指标入手，考虑到地区之间的差异和政策执行能力。

二、我国指标体系的构建思路与指标选取标准

在构建政策指标体系框架的过程中，一个基本思路是，必须把体系构成元素的基础核心性放在首位。基于流动人口需求的迫切程度，首先确立流动人口社会融合政策最基础、最核心的维度，然后从各维度当中选定不可或缺、相互之间亦无法替代的核心指标，且指标应用应较为便利。

流动人口社会融合政策指标体系框架涵盖6个维度：劳动就业、权益保障、子女教育、社区接纳、身份融合、融合项目。每个维度下辖2~3个指标。第一类是权利平等指标，主要属于劳动就业、权益保障和子女教育三个政策维度，以流动人口是否享有平等的权利为衡量标准；第二类是融合促进指标，分属于社区接纳、身份融合和融合项目三个维度，是专门为促进流动人口社会融合制定的政策。

参考 MIPEX，每一个具体指标的选择必须符合以下标准：（1）把握问题的实质，且拥有清晰、可被接受的标准化解释；（2）稳定，且在统计学上是有效的；（3）具有政策干预的敏感性，但不易被随意篡改；（4）可测，在各地足够兼容，且与国际标准兼容；（5）具有时效性，且容许因时而异的调整；（6）显而易懂，且易于获得；（7）指标的测量不应该对地方政府、企业或市民造成太大的负担；（8）不同维度之间，指标的数量应该大致平衡；（9）指标必须具有一致性，且单个指标的权重应该是成比例的。

对政策的评价既要测量政策本身，也要测量其实施效果，流动人口社会融合政策指标体系不仅需要调查流入地的政府部门，也需要让流动人口打分。综合二者得到总分，据此测评流入地流动人口社会融合政策的制定与落实情况。

三、指标体系的内容

表 1 展示了“流动人口社会融合政策指标体系”。该体系有 6 个政策维度，每个政策维度覆盖若干政策指标，共有 14 个政策指标，其中有 8 个权利平等指标和 6 个融合促进指标，这些维度和指标反映流动人口社会融合政策的总体状况。

（一）劳动就业政策

劳动就业政策是流动人口社会融合政策指标体系的首要组成部分。劳动就业是流动人口在流入地经济社会生活的起始点和关键点，政策应当保障流动人口在劳动就业的各个方面享有基本平等的权利。这一政策维度包括就业机会、劳动收入、劳动保护三个政策指标。就业机会政策是保障流动人口平等就业权利的政策，主要是指取消对流动人口在某些行业、工种方面的就业限制，同等的就业机会可使流动人口与本地市民站在同一起跑线上进行公平竞争。劳动收入政策是保障流动人口工资支付的政策，如建立工资保证金制度、拖欠工资处罚制度、最低工资制度、企业工资集体协商制度等。劳动保护政策涉及劳动合同的签订、加班时间的限定、女工晚婚晚育享受国家法定的休假制度、对流动人口进行职业病的宣传和防治等。劳动保护可降低流动人口在劳动过程中受到的伤害，使其在工作中获得稳定感和安全感，有利于他们安心工作，加快融合。

表1 流动人口社会融合政策指标体系

政策维度	政策指标	指标解释	指标类型
劳动就业	就业机会	平等的就业权利（行业、职业、市场雇佣）	权利平等
	劳动收入	平等的最低工资保证；同工同酬；福利待遇	权利平等
	劳动保护	平等的劳动保护（工作时间、环境、特殊行业）	权利平等
权益保障	社会保障	平等的四险一金	权利平等
	居住安全	平等的各类保障性住房的租购与住房安全	权利平等
子女教育	平等就学	平等地在公立学校就学、中考	权利平等
	活动参与	平等地参与各种校内外活动	权利平等
社区接纳	政治活动	平等参与工会、党团组织、选举和社区管理活动	权利平等
	基层组织	建立政府主导促进本地、外来人交流的平台和组织	融合促进
身份融合	户籍资格	落户的居住时间限制、年度总量控制和准入门槛	融合促进
	福利待遇	长期居住（持居住证）流动人口可享受更多市民待遇	融合促进
融合项目	歧视处罚	对歧视流动人口现象进行处罚的规定	融合促进
	法律援助	为流动人口提供矛盾调解和法律援助	融合促进
	融合倡导	举办流动人口融合的宣传教育活动	融合促进

（二）权益保障政策

权益保障政策是流动人口在流入地正常工作和生活的稳定器，包括社会保障和居住安全两类政策指标。社会保障政策是指流动人口平等参加养老、医疗、失业、工伤保险和企业为流动人口员工提供住房公积金。流动人口在流入地能否享受社会保障体现了公平、公正的原则，也直接影响他们在流入地的融合。居住安全政策是保障流动人口的住房安全，使其在流入地能够和本地人一样平等地租赁或购买各类保障性住房的政策。居住条件带给流动人口对流入地最直接、最真切的感受，“安居才能乐业”，在政策上保障流动人口的居住安全可大大增强他们的归属感，对流动人口在本地的生活中实现社会融合有十分积极的影响。

（三）子女教育政策

保障流动人口子女平等就学的政策是社会政策公平性的集中反映。子女在流入地的教育问题是流动人口最关注的问题之一，也是影响下一代融合的重要因素。政策应当保障流动人口子女在流入地平等接受各级各类教育，以及平等接触和参与各种少儿活动的权利，使孩子能够健康、快乐地成长。子女教育政策包括平等就学政策和活动参与政策两个方面。平等就学政策保障流动人口子女在公立幼儿园、小学和初中平等就学及参加中考的权利。活动参与政策保障流动人口子女平等参加各种少儿活动的权利，比如，入队入团、评优评先、参与文体和公益活动等，促进其与本地儿童的交流和共同参与。

（四）社区接纳政策

社区接纳政策维度包括保障流动人口平等参与政治活动、建立促进本地和外地人交流的基层组织两个方面，前者是权利平等指标，后者是融合促进指标。保障流动人口与本地人一样参与工会、党团组织、选举活动和社区管理活动，实现流动人口自我管理、自我服务并且服务社区、服务他人，有利于流动人口实现社区生活的融合。由政府主导在社区建立一类基层组织团体，给流动人口和本地人创造深入交流和沟通的平台和空间，加深他们之间的相互认识、了解和接纳，促进二者之间互助互爱、化解矛盾，也促进他们对社区活动的共同参与，这对于流动人口的融合有着最直接的积极影响，帮助他们树立起主人翁意识，增强归属感和责任感。

（五）身份融合政策

政策应当促进流动人口经过在流入地的长期就业和居住最终获得流入地的市民身份，完全实现市民化。户籍资格和福利待遇是评价该政策维度的指标。户籍资格政策是指对落户的居住时间限制、年度总量控制和准入门槛（如对流动人口获得本市户籍设置学历、技术、房产、投资纳税、突出贡献等方面的要求），较少的资格限制使流动人口更易于获得市民身份。福利待遇政策是指在政策的制定上应当使居住时间越长的流动人口越有可能享受更多的市民待遇，这也体现了公平公正的原则，是实现流动人口社会融合所必需的。

（六）融合项目政策

融合项目政策维度包括对歧视流动人口现象进行处罚，为流动人口提供矛盾调解和法律援助，举办流动人口融合的宣传教育活动三个方面。对歧视流动人口的现象进行处罚是对流动人口的保护，使他们在流入地能够获得公平的待遇；设立有关组织机构调解矛盾纠纷，为流动人口提供法律援助，可保护他们的合法权益；以流动课堂、流动图书等方式，举办各种类型关乎市情风俗、社会公德、法制宣传、科普知识及本地的语言文化等方面的宣传活动，可帮助流动人口尽快熟悉和适应流入地的社会生活，加快融合速度。

四、指标体系的后续研究展望

上述体系框架是否合适、选择的指标是否合理、每一个具体属性是否恰当，都有待实践与时间的检验。后续研究将不断完善该体系，致力于打造政府与社会普遍接受认可的、具有权威性的“流动人口社会融合政策指标体系”。

其一，实地调研。选择1~2个流入人口较为集中之地，与相关政府部门的工作人员和流动人口本人进行深度座谈和深入调研，把握目前政府最关注的问题和流动人口最迫切的需求，掌握地方政府推进融合政策的可行性和可操作性，使政策指标体系更符合实际情况。

其二，专家座谈。反复多次进行专家座谈，请专家对体系中的每个指标进行匿名赋分，保留得分最高的指标，增加重要指标，形成一个初步合理的指标体系。

其三，问卷测试与初步测评。对政策问卷进行小范围、小规模试调查，从而进一步修正、发展、完善该指标体系，使其更可用、更好用、更适用。在此基础上，利用较为完善的体系，对某些重点地区的融合政策进行较长时间的纵向跟踪，考察同一地区的公共政策是否随时间的流逝而更为接纳包容，发现问题，找到突破口，探索未来的改进方向。

报告三

流动人口的就业与社会保障状况分析

2011年中国流动人口总量为2.3亿，其中务工经商的流动人口约为1.56亿。就业与社会保障是影响流动人口生存发展状况的重要因素。本文利用2011年国家人口计生委流动人口动态监测调查数据，对流动人口的就业与社会保障状况进行分析。

一、流动人口的就业状况

（一）流动人口就业性别差异明显

男性流动人口就业比例[①]为96.3%，女性就业比例为77.0%，男性比女性高了近20个百分点，性别差异显著。男性就业比例随教育程度提高而略有下降，“小学”、“初中”、“高中/中专”及“大专及以上”文化程度的就业比例分别为96.6%、97.2%、94.4%和95.3%；女性就业比例随教育程度提高而逐步上升，分别为74.5%、76.2%、78.9%和84.0%。

（二）就业流动人口主要集中在五大行业，私营企业和个体工商户仍是吸纳流动人口就业最多的部门

80%以上的就业流动人口集中在五大行业就业，其中制造业37.4%、批发零售业18.1%、住宿餐饮业9.9%、社会服务业9.8%、建筑业7.1%。从就业单位性质来看，私营企业和个体工商户吸纳了近3/4的就业流动人口，其中私营企业38.3%、个体工商户35.9%。

（三）东部地区的流动人口主要为雇员，中西部地区个体户比例较高

从流动人口的就业身份来看，雇员比例最高，为66.2%，其次为

① 就业比例＝就业流动人口人数/受访流动人口总数×100%。本次受访总人数为128 000人，其中男性65 301人，就业人数62 884人；女性62 699人，就业人数48 298人。

自营劳动者，为25.8%。按区域来看，东部地区流动人口大多在私营企业就业，70.6%是雇员；中西部地区流动人口则更多地从事个体工商业，接近半数为自营劳动者。

（四）流动人口就业主要依赖社会关系，很少依靠中介组织和政府劳动服务机构

80.7%的流动人口就业是通过自己、家人/亲戚、同乡/同学等原有的社会关系，不同户口性质的流动人口间存在差异。农村户籍流动人口，接近一半依靠自己找工作；而对于城镇户籍流动人口来说，企业招聘会也是一个重要的信息来源。但是，不管是农村户籍流动人口，还是城镇户籍流动人口，都很少依靠中介组织择业。

（五）流动人口劳动时间长，基本权益无法得到有效保护

流动人口工作时间普遍较长，平均每周工作54.6小时，远超过劳动法规定的每周40小时的工作时间。流动人口雇员平均月收入为2 535元，平均每小时工作报酬9.3元。影响工资收入的因素主要有三个：性别、文化程度和职业技能培训情况。从性别来看，男性月均收入普遍高于女性；从文化程度来看，大专及以上文化程度者的月均收入是小学及以下者的2.1倍；在文化程度相同的情况下，接受过技能培训的流动人口月均收入比未接受过培训的高近200元。

二、流动人口的社会保障状况

（一）流动人口签订劳动合同和参加社会保险的比例与其就业行业性质密切相关

流动人口劳动合同签订率普遍较低，仅有51.3%签订有固定期限劳动合同，而未签订劳动合同的比例超过30%；东部地区签订劳动合同的比例超过70%，而中西部地区约为50%。劳动合同的签订情况与其就业行业性质密切相关：在外资企业、中外合资企业和国有及国有控股企业等就业的流动人口中，超过九成签订了劳动合同；而雇主为个体工商户的流动人口签约率较低，不到四成。

就业流动人口参加社会保险的比例也与其就业行业性质密切相关。在机关事业单位和国有及国有控股企业等就业的流动人口参加养老保险和医疗保险的比率均超过七成；而在个体工商户中就业的流动人口两个险种的参保率都不到10%。

（二）就业流动人口在流入地参加“五险一金”的比例较低，城镇户籍流动人口的参保情况好于农村户籍流动人口

就业流动人口在流入地的养老保险、医疗保险、工伤保险、失业保险、生育保险和住房公积金的参加比例分别为23.1%、26.4%、25.2%、13.6%、9.9%和5.8%。其中，城镇户籍流动人口“五险一金”的参加比例分别为43.8%、45.6%、36.5%、28.7%、19.4%和17.8%；而农村户籍流动人口的参加比例分别为19.7%、23.3%、23.4%、11.2%、8.3%和3.8%。农村户籍流动人口“五险一金”的参加比例大约只有城镇户籍流动人口的一半。

（三）城镇户籍流动人口在户籍地参加养老保险和医疗保险的比率较高

城镇养老保险和城镇医疗保险主要是针对城镇居民设立的险种，城镇户籍流动人口在户籍地的参保率分别为19.2%和23.7%，高于其他险种的参保率。调查发现，有一小部分农村户籍流动人口也参加城镇养老保险和城镇医疗保险，但比例较低，分别为1.8%和5.7%。参加这两个险种的可能包括一部分征地拆迁人员，也可能有很少一部分在家乡城镇打工而加入了城镇养老保险和城镇医疗保险的人员。

（四）农村户籍流动人口“新农合”和“新农保”参保率较高

新型农村合作医疗制度（简称“新农合”），从2003年起在全国部分县（市）试点，到2010年实现基本覆盖全国农村居民，农村户籍流动人口“新农合”的参保率相对比较高，为51.3%。新型农村社会养老保险（简称“新农保”），2009年起在全国10%的县（市、区）开展试点工作，目前“新农保”的覆盖面还比较小，农村户籍流动人口参保率只有11.6%。理论上说，专为农村设计的医疗保险和养老保险是不允许非农村户籍居民参加的，而“新农合”和“新农保”允许收入相对较低的城镇居民参加，增加了社会保障制度的灵活性和适应性。从调查数据看，城镇户籍流动人口参加“新农合”的为9.8%，参加“新农保”的为2.6%。

三、流动人口就业和社会保障中存在的问题

（一）流动人口劳动力市场供需出现结构性失衡

一般来说，受教育程度越高，在劳动力市场上就越具有竞争优势，但是男性流动人口实际从业状态却随学历提高而降低。这一方面是由

于男性流动人口随着文化程度的上升，对就业岗位与工资待遇要求提升，增加了工作获取的难度；另一方面是由于企业目前的岗位需求大多集中在低端劳动力、高级技工和高端人才上，流动人口劳动力供需出现结构性失衡，“民工荒”和大学生就业难现象并存。

（二）亲缘网络是流动人口获得就业信息与就业岗位的主要渠道

长期以来，流动人口就业岗位的获得主要依赖自己努力和亲缘网络的帮助。以亲缘网络为主获得的就业岗位，使具有密切亲缘关系与地缘关系的人们聚集在一起，一方面增加了流动人口的乡土情结与内聚力，有利于信息迅速传播，有效引导就业；另一方面也使流动人口在日常生活中过于依赖亲缘关系和原有的社会关系，不利于劳动服务社会化和流动人口融入流入地社会。

（三）流动人口劳动合同签订率较低，不利于保护流动人口的权益

签订劳动合同有利于保护劳动者的合法权益，减少社会冲突。目前，由于中西部地区相对落后，劳动执法监管力度比较薄弱。随着产业从东部地区向中西部转移，流动人口逐步实现就近转移，流动人口权益保护的各项重点和难点问题将会从东部地区向中西部地区转移。除地区差异之外，就业性质也直接影响劳动合同的签订率，在大企业中就业的流动人口劳动合同签订率明显高于个体工商户。

（四）新生代流动人口收入较低，生活状态不稳定

流动人口工资收入的高低，决定他们在城市中生活的稳定性。新生代流动人口由于受教育水平较高，本来应该比老一代在收入上具有更多优势，但调查发现，由于其进入劳动力市场时间短，缺乏劳动工作和城市生活经验，平均月收入反而比老一代低近200元。新生代劳动收入低，不利于他们在城市中稳定生活。

（五）流出地和流入地之间保险转移接续依然存在困难

社会保险既关系到流动人口当前的生存，又涉及他们晚年生活的保障。从当前情况来看，农村户籍流动人口在户籍地参加“新农保”和“新农合”的比例很高，但在流入地参加各项社会保险的比例很低，尚未实现流出地和流入地之间保险的转移接续。长此以往，会挫伤流动人口参加各种社会保险的积极性，也有违国家保护流动人口权益的初衷。

四、对策建议

（一）在优化产业结构的同时，提升劳动者素质

面对当前劳动力市场中出现的“民工荒”，企业要在未来的发展中进一步优化产业结构，提高劳动过程中的技术投入，提高人力资本对产值的贡献率。

（二）加快中西部地区的发展，引导流动人口就近转移就业

对于拥有丰富劳动力资源的中西部地区来说，实现劳动力的就近转移具有重要战略意义，而影响劳动力就近转移的一个重要因素就是中西部地区缺乏可以吸纳大量流动人口的大型产业。因此，在实施西部大开发和中部崛起的战略中，要进一步加大对中西部地区的政策倾斜力度，强化政府部门的就业信息服务功能，鼓励发展适应本地资源优势的实体产业，引导劳动力密集型产业向西部转移，畅通劳动就业信息渠道，促进流动人口就近转移就业。

（三）加大劳动力市场监管力度，维护流动人口合法权益

保护流动人口合法权益，必须加强对企业签订劳动合同的管理和监督力度，加强劳动保护和劳动力市场监管，约束雇主的雇佣行为，切实保护流动人口的合法权益。

（四）消除劳动力市场就业歧视，促进流动人口在城镇中稳定就业和生活

劳动力市场要着重消除户籍歧视和性别歧视，为流动人口创造良好就业环境，让他们在企业中稳定就业；企业应针对员工积极开展技术培训。这不仅有利于流动人口自身人力资本的提高，也有利于建立一支稳定、高素质的产业工人队伍。

（五）完善基本公共服务和社会保障体系，提高流动人口生活质量

政府部门应尽快出台城乡社会保险，尤其是医疗保险和养老保险的转移接续机制，使流动人口可以自由选择参加各项险种的加入地。还应逐步完善覆盖流动人口的社会保障体系，包括社会保险、社会福利、社会救济、社会优抚和安置及社会服务等各个方面，降低流动人口的城市生活风险，提高流动人口的生活质量。特别要关心那些失去工作和低收入流动人口的生活状况，建立互助机制，减少其后顾之忧，保证其生活稳定，促进社会和谐。

报告四

农民工积分入户：广东省户籍制度改革的新探索

广东是全国人口流入大省，“六普”数据显示，2010 年广东省共有流动人口 3 128 万人，居全国各省（自治区、直辖市）之首，占全国流动人口总量的 12%，占广东省常住人口的 30%。流动人口的主体是农村户籍流动人口，2010 年广东省农村户籍流动人口数量达 2 661 万人。户籍制度是农村户籍流动人口及其相关问题产生的最重要的制度性原因，户籍制度改革对解决农村户籍流动人口问题具有重要的意义。20 世纪八九十年代，广东省率先实施小城镇户籍管理制度改革。近年来，广东省户籍制度改革又迈出新的步伐，“农民工积分入户”就是一个新“亮点”。本文对广东省 2010 年开始实施的农民工积分入户制度进行评价，并就政策的完善提出建议。

一、广东省农民工积分入户政策的实施背景

1992 年，广东省政府批转《省公安厅关于调整户口迁移若干政策的请示的通知》，从 1993 年 1 月起实施地方城镇居民户口（“蓝印户口”），小城镇户籍管理制度改革在全省普遍推开。从全国来看，1997 年国务院《关于小城镇户籍管理制度改革的试点方案》发布后，全国仅有 45 个小城镇户籍管理制度改革试点单位；2001 年 3 月 30 日国务院《关于推进小城镇户籍管理制度改革的意见》发布后，全国才全面开展小城镇户籍制度改革。

近年来，广东省户籍制度改革迈出新步伐，与解决农村户籍流动人口问题的战略思路转变有关。随着进城农村户籍流动人口规模的增加，这一特殊群体的生存发展状况受到更多关注，研究的视线从“促进农村剩余劳动力转移”演变为“解决农民工问题”，但是，研究的重点依然是帮助农村户籍流动人口就业，研究的延伸则是保护农村户

籍流动人口权益，改善农村户籍流动人口民生。近年来，研究和解决农村户籍流动人口问题的思路发生了深刻变化，不再仅仅是帮助就业，保护权益，改善民生，而且是让农村户籍流动人口融入城市，成为真正的城市市民。换言之，从根本上解决农村户籍流动人口问题必须走市民化的道路。

2006 年，国务院颁布《关于解决农民工问题的若干意见》，这是近年来党中央和国务院全面解决农村户籍流动人口问题的一份纲领性文件。文件指出，深化户籍管理制度改革，逐步地、有条件地解决长期在城市就业和居住农民工的户籍问题，中小城市和小城镇要适当放宽农民工落户条件，大城市要积极稳妥地解决符合条件的农民工户籍问题，对农民工中的劳动模范、先进工作者和高级技工、技师以及其他有突出贡献者，应优先准予落户。

2009 年，广东省通过《广东省流动人口服务管理条例》（以下简称《条例》），实施流动人口管理居住证制度。与此前实行的暂住证制度不同，居住证制度赋予流动人口更多的本地城市户籍居民的经济社会权利，逐步实现基本公共服务均等化，更加有利于流动人口融入当地城市社会。《条例》提出，“居住证持证人在同一居住地连续居住并依法缴纳社会保险费满 7 年、有固定住所、稳定职业、符合计划生育政策、依法纳税并无犯罪记录的，可以申请常住户口”；“常住户口的入户实行年度总量控制、按照条件受理、人才优先、依次轮候办理，具体办法由居住地地级以上市人民政府制定”。这一规定为以后实施农民工积分入户提供了法律基础。

二、广东省农村户籍流动人口积分入户政策的主要内容

2009 年，广东省中山市率先在全省推行流动人员积分制管理，为广东实施农村户籍流动人口积分入户“试水”。2010 年，广东省人民政府发布《关于开展农民工积分制入户城镇工作的指导意见（试行）》，在全省实施农民工积分入户。2011 年 12 月 1 日，广东省人力资源与社会保障厅等 12 个部门联合制定《关于进一步做好农民工积分制入户和融入城镇的意见》，修订完善农民工积分制入户政策，自 2012 年 1 月施行。修订后广东农民工积分入户政策的主要内容是：

（一）扩大积分入户适用对象

2010 年农村户籍流动人口积分入户的政策规定，“积分入户的适用对象是在本省城镇务工的本省户籍农村劳动力，凡已办理广东省《居住证》、纳入就业登记、缴纳社会保险的，均可申请纳入积分登记”。但是，从实施的结果来看，当年全省 10.8 万农民工积分入户转为广东城镇户口，其中 51% 为外省户籍，突破了适用对象是“本省户籍”的政策规定。2011 年 12 月修订后的积分入户政策规定，“在我省务工的农村户籍人员和城镇户籍人员均适用农民工积分制入户政策”，明确将适用对象扩大至外省户籍农村劳动力。

（二）扩大积分使用范围

2010 年的积分入户政策规定，积分仅用于入户。2011 年 12 月修订后的积分入户政策规定，“对参与积分并达到一定分值的人员，可根据积分情况享受相关公共服务，积分达到规定分值时，可申请入户城镇”。相比 2010 年规定，积分由原先仅用于入户，扩大至享受城镇公共服务。

（三）优化积分指标和分值

农民工积分入户城镇的积分指标由省统一指标和各市自定指标两部分构成。省统一指标包括个人素质、参保情况、社会贡献及减分指标；各市的自定指标包括就业、居住、投资纳税等情况，具体指标和分值可根据当地产业发展和人才引进政策设定。

新规定优化了省统一积分指标和分值。一是提高初中、高中（中技、中职）的分值，初中的分值由 5 分增加到 20 分，高中或中技、中职的分值由 20 分增加到 40 分，大专 60 分、本科及以上 80 分维持不变，由此缩小了高低学历分值差距，提高了低学历农民工的积分。二是提高职业资格和专业技术职称的分值，初级工、事业单位工勤技术工岗位五级由 10 分提高到 20 分，中级工、事业单位工勤技术工岗位四级由 30 分提高到 40 分，高级工、事业单位工勤技术工岗位三级、初级职称由 50 分提高到 70 分，技师、事业单位工勤技术工岗位二级、中级职称由 50 分提高到 90 分，新增高级技师、事业单位工勤技术工岗位一级、高级职称计 110 分。三是提高缴纳社会保险年限的积分分值和最高分值，参加城镇基本养老保险、城镇基本医疗保险、失业保险、工伤保险、生育保险，每个险种每满一年由积 1 分提高到积 1.5

分，总分最高不超过75分（过去为50分）。此外，对农民工的社会贡献加分进行了较大的调整，取消了参加义工、青年志愿者服务以及善款捐赠的加分，原来最高120分的政府表彰奖励加分也在新政策中不见了踪影，仅保留参加无偿献血每次2分，每年最高积2分，最高不超过10分。

对于各市自定指标，新规定要求各地根据调整后的全省统一指标，及时修订完善本地积分制度，着重做到“四鼓励”：一要鼓励在申请入户地长期稳定就业的农民工入户城镇，对在申请入户地参加社会保险及在同一单位稳定就业三年以上的农村户籍流动人口，可给予加分；二要鼓励技能型农民工入户，提高国家职业资格、专业技术职称指标的积分比重，各地可根据实际，把相关法律法规规定需持证上岗的证书纳入积分范围，参照相应级别的国家职业资格证书设置积分指标；三要鼓励获得表彰奖励和积极参加社会服务的优秀农村户籍流动人口入户城镇；四要鼓励本省户籍农民工就地就近入户城镇。

三、广东省农民工积分入户政策存在的问题和相关政策建议

（一）扩大入户计划指标总量

随着流动人口家庭化趋势以及新生代农村户籍流动人口规模的增加，流动人口中希望定居在打工所在城市的意愿也将增加。积分入户政策则“利好”农村户籍流动人口，2011年广东省积分入户的农民工为18.6万人，比2010年增长了86%。但是，相对于广东省2 600多万省内外户籍农民工，每年10多万积分入户的计划指标还是远远不够的。应该结合广东各地实际情况，积极扩大农民工入户计划指标总量。

（二）侧重珠江三角洲入户计划指标分配

广东省由珠江三角洲、粤东、粤西和粤北四个地区组成，珠江三角洲属于经济发达地区，其他三个地区则相对落后。珠江三角洲聚集着全省80%以上的农村户籍流动人口，尤其深圳、广州、东莞、佛山是四个“农民工大市”。但是，农民工积分入户的计划指标分配并没有侧重珠江三角洲。2010年，珠江三角洲入户计划指标少，欠发达地区入户计划指标多。2011年，积分入户计划指标在地区分配上有了改善，珠江三角洲增加较多：广州市入户指标1.02万人，比2010年的3 000人增加了2.4倍，深圳市的入户指标为1.01万人，比2010年的

4 600 人增加了 1.2 倍。但相对于希望申请入户的农民工数量，珠江三角洲入户计划指标仍然偏低。应适当增加珠江三角洲的入户计划指标，使之更加符合农民工的需求，从而更好地发挥积分入户政策的作用。

（三）完善积分入户的积分标准

2010 年的农民工积分入户政策，在积分标准上重高学历、高技术资格（职称），偏向“白领”。2011 年 12 月修订后的广东省农民工积分入户政策有了很大改进，提高了初中、高中（中技、中职）和技能人才的加分，但是，还存在“人才偏好”倾向。要从目前大多数农民工的实际状况出发，适当降低学历的分值，缩小学历间分值差距，适当降低高技术资格（职称）的分值。建议进行“一减一增”的社会福利制度改革：一方面，逐步将社会福利与户籍制度剥离，大力发展社会化的社会保险事业；另一方面，不断增加政府对农民工的公共服务，逐渐实现基本公共服务均等化，让更多的农民工及时受惠。

三、人口管理和特大城市人口规模调控专题

Part Three. Metropolis Population Administration

报告一

人口管理与社会管理创新初探

人口管理在社会管理中的地位和作用较为特殊，我国人口管理创新面临的挑战和任务比其他国家都更为紧迫和艰巨。

一、人口与社会管理

社会管理的基本对象是人，社会管理的终极目标是为了促进人的发展。当在政策层面将社会管理具体化和操作化时，社会管理必须指向和覆盖具体的人口群体。

（一）人口是社会管理的重要对象

人口是个体的集合，作为个体的个人和家庭是社会行为的主体；人口变化是个体人口行为的聚合，个体的人口行为是一种社会行为，其聚合效应会给社会、经济、资源、环境等各个方面带来重要影响。因此，人口是社会管理在具体操作层面上的现实对象。

（二）人口是决定和影响社会管理的重要因素

在社会变迁和经济发展过程中，人口的规模、结构、流动、城镇化和家庭变迁等方面的变化强化了人口因素对经济、社会与政治领域的影响，使劳动力市场、公共资源分配、社会养老保障和代际利益关系格局等方面都呈现出一些新的特征。同时，人口变化因素也使我国社会发展过程中存在的问题和矛盾，在更大的范围内和更深的层次上显现出来。因此，人口因素在很大程度上影响着社会管理。

（三）人口变迁引致的社会管理需求变化

随着我国人口变迁，人口发展呈现一些新的特征，并面临大量新问题，原来的社会管理制度体系已经滞后，新的政策尚未全面建立，不能有效满足人口变迁导致的日益增长的多样化社会需求。同时，社会需求、社会关系和社会利益分配格局都出现了相应的变化，社会管理的重点和阶段性特征也呈现出不同的内容。这要求政府对社会管理方面的责任、内容和实施手段都必须加以改变。

（四）人口行为的社会后果影响社会管理

人口行为及其产生的后果是嵌入在一定的社会系统和社会情境中的，对社会的发展具有结构性影响。一方面，社会管理可以从人口行为的一致性和稳定性特征出发，根据人口群体的同质性，建立相应的管理方式和介入手段；另一方面，人口行为具有很强的外部性，对社会经济发展具有制约或促进的作用，深刻地影响着社会发展的方向。在社会发展的不同阶段，人口行为的特征不一样，在社会系统中所扮演的角色也不完全一致，对社会整体的影响机制会随着外界环境和内在需求的变化而变化，并通过人口与社会系统之间的传导机制进入社会层面。

二、人口管理与社会管理

人口管理是社会管理的一个重要组成部分，特指由政府主导、社会组织和公众参与的对人口出生、迁移流动、婚姻、健康、就业等相关公共事务和公共服务的管理。人口管理的重点既包括对相应人群的管理，同时也涵盖对相关人口事件的管理。人口管理的任务是规范、引导人口行为，协调利益关系，提供人口公共服务，解决人口问题，防范人口危机，促进人口长期均衡发展。在社会管理框架中将人口管理的地位和作用提到突出位置，对不断创新服务手段，扎实推动社会管理与服务创新，维护社会秩序，实现社会和谐发展，有着非常重要的现实指导意义。人口管理在社会管理中的地位与作用主要体现在以下几个方面。

（一）人口管理是社会管理的重要基础

在新的历史条件下，人口因素越来越成为决定和影响我国社会关系和公共资源分配的重要因素，人口变化和人口现象引致的社会问题变得越来越复杂。因此，人口管理在社会管理中的基础性、主体性、先导性和全局性的地位和作用愈发突出。

（二）人口管理任务是社会管理任务的重要方面

在人口管理的基本任务中，既包含了对人口信息、人口行为及相关公共产品和公共服务的管理，也包含了防范和解决由于人口因素和人口现象引致的社会问题，平衡和协调与人口问题相关的社会利益关系。因此，人口管理既是社会管理的重要方面，也与社会管理其他领域的任务密切关联。

（三）创新人口管理体制机制是构建新型社会管理模式，确保社会既充满活力又和谐稳定的有效路径

面对市场化、工业化、城市化进程中多发的社会矛盾和多方面的潜在风险，真正的难题在于如何化解管制型社会管理模式的内在矛盾。只有构建以人口管理为基础的公共服务和社会管理体系，才能通过人口管理机制的创新，维护公民权益、促进机会公平、加大公共服务，解决现行社会管理体制中的风险源头。从社会管理创新角度看，30 多年来我国人口管理和服务的实践为社会管理积累了重要经验，主要体现在以下几个方面：一是坚持政府主导，确保人口管理和服务的社会管理与公共服务属性不偏离；二是逐步建立健全人口综合决策与统筹协调机制，为人口问题综合治理提供合力；三是全面推进依法行政，切实保障公民权利；四是政府工作与群众工作相结合，构建党委领导、政府负责、社会协同、群众参与的社会管理模式；五是以服务对象为中心，以需求为导向，不断完善人口和家庭公共服务体系。

三、人口管理创新是社会发展的迫切需求

人口管理所面临的种种挑战，既是人口发展本身的问题，更是转型期社会管理与社会建设的问题。作为社会管理的重要基础，人口管理创新应该走在社会管理创新的前面，为实现社会管理创新提供必要的前提条件。

（一）人口管理创新是促进人口长期均衡发展的迫切需要

人口规模大、家庭数量多、人口流动率高、人口城镇化进程快、人口结构和分布复杂，是我国当前人口的基本特征。在社会利益关系结构日趋复杂的情况下，一些与人口相关的社会问题和社会矛盾已经影响到社会的稳定。实现关口前移、源头治理，消除不和谐因素，是人口管理承担的一项艰巨的任务。在市场经济和社会变迁的背景下，个人和家庭对社会政策和社会服务的需求与日俱增，及时、有效、公平地满足人民的需求，已经成为人口管理的一项重要职责。促进人口长期均衡发展，要求必须全面、准确地掌握人口动态，科学地把握人口与社会经济发展及资源环境的关系，这对人口管理提出了更高的要求。

（二）人口管理创新是实现社会管理创新的迫切需要

社会管理创新从五个方面对人口管理创新提出要求：一是人口管理制度必须为社会管理提供及时、准确、全面的人口基础信息，现有的分散化、碎片化的人口信息系统难以满足社会管理的需求；二是人口管理属于社会管理结构中的基础层面，涉及每一个人和每一个家庭，目前人口管理与社会管理脱节和分隔的状况严重影响了社会管理效率；三是人口是影响社会管理的重要因素，由于我国人口国情的特殊性，人口因素从多个方面影响到人们的社会活动、社会关系和社会需求，单一纬度、分散化的人口管理体系难以适应人口形势变化和社会发展的需求；四是家庭的社会价值和功能在社会管理中具有重要意义。家庭社会价值的重塑和家庭社会功能的再造是创新人口管理和社会管理的重要途径；五是流动人口是我国现阶段社会管理的重点人群，对社会服务的需求很大，对其管理的难度也很大。目前对流动人口的管理，无论是体制上还是政策上都存在着缺陷和问题。

目前，我国还没有建立起统一的人口管理体制，不同人口群体的管理和人口管理的不同方面分属于不同的政府部门。不同人口管理体制之间的分割和脱节，既大大降低了人口管理的行政效率，也浪费了大量的公共资源。这种局面既制约着统筹解决人口问题和促进人口长期均衡发展，同时也影响到民生建设和社会管理的效率。如何突破制度瓶颈，统筹解决人口问题，促进人口的长期均衡发展，一直是人口管理体制改革需要解决的难题。

四、人口管理的制度创新

加强和创新社会管理是我国社会领域的一项重大改革。在我国人口和社会经济发展的新形势下，人口管理的制度创新也应该是一项综合性、全面性的创新。要站在社会发展与改革的高度，从我国的基本国情和人口发展需要出发，在理念、制度、机制和手段等方面全面创新人口管理，为新时期的社会经济发展创造良好的人口环境。

（一）创新人口管理理念

人口管理理念的创新是人口管理体制创新的根本性前提。人口管理和服务的对象是社会中的每一个人、每一个家庭，因此，以人为本、为民服务的理念应该成为人口管理的核心理念。在此基础上，人口管理理念的创新要处理好两个关系：一是管理与服务的关系。由控制导向转变为支持导向和服务导向，由控制优先转变为服务优先，由以行政需求为重转变为以群众需求为重，由以个体人口行为管制为重转变为以家庭福利促进为重。二是管理主体与对象的关系。人口管理涉及广大群众切身利益，群众不仅仅是管理和服务的对象，而且还是一支重要的社会力量。群众参与和基层群众自治是实现人口管理的社会基础和重要途径。在加强和创新人口管理中，要树立积极支持群众参与的理念，坚持贯彻党的群众路线，坚持人民主体地位，发挥人民首创精神，紧紧依靠人民群众。

（二）创新人口管理制度

根据人口和社会发展的现实需要及社会管理和人口管理的特点，参照他国的成熟经验，把目前分散在政府各个机构中的人口管理和公共服务事务整合起来，建立全国统一的人口管理制度体系。该制度体系包括以下几个基本制度：

1. 国家人口登记和人口调查（普查）制度。

人口登记制度是指登记个人和家庭的人口信息以及基本社会经济特征信息的制度，所登记的信息包括每个家庭户的人口数及每个人的出生、死亡、婚姻、迁移、流动、受教育程度、职业和就业状况等；人口调查（普查）制度是指人口普查、人口专项调查和与人口相关的社会调查。

2. 国家人口基础信息库。

在人口登记和调查制度的基础上，建立国家人口基础信息库和决策支持系统。以人口地理信息系统为信息平台，以身份证和居住证为人口和家庭变动实时监测和动态管理的信息载体，建立健全实有人口和家庭的动态管理机制，为政府的决策及时提供准确信息和科学决策支持。

3. 人口与家庭福利制度。

保障和改善民生是社会稳定与和谐发展的基础，也是创新社会管理的出发点和落脚点。作为民生制度安排的重要方面，人口与家庭福利制度是实现人口管理的重要机制。应该在国家人口与家庭福利制度框架下整合分散在政府各个部门的相关政策，提高制度安排的层级，建立覆盖全体国民、覆盖个人和家庭全生命周期的福利制度安排。

4. 人口和家庭公共服务体系。

加大政府对公共产品和公共服务的投入，建立直接面对个人和家庭的公共服务体系，保障每一个人和每一个家庭能够公平地获得公共服务。同时，合理运用行政手段、市场手段和社会手段，鼓励各种社会资源投入人口和家庭服务领域，建立以公共服务为基础，以社会服务和市场服务为补充的“三位一体”的人口和家庭社会服务体系。

（三）创新人口管理体制

人口管理制度的有效运行需要相应的体制保障和机制驱动。加强和创新人口管理，需要在人口管理体制上取得突破。人口管理体制的创新，应该结合行政体制改革和政府职能转变，改变人口管理体制分散化、分割化的局面，整合相关部门的职能，集中行政资源，建立一个统一的人口管理体制和政府执行机构，把上述各项人口管理制度纳入该机构的职能范围，提高人口管理的顶层设计和综合决策水平及政策执行力。创新人口管理体制，可以从宏观、中观、微观三个层面展开工作：一是更加重视人口管理相关政策的顶层设计和总体规划，加强政策制定与管理立法的统筹协调；二是完善地方人口服务管理体系，形成具有地方特色的人口管理和服务的合力；三是积极探索解决民众最关心和最现实的人口管理相关问题，引导社会成员自觉配合人口管理，从行政事务和群众生活两方面入手，扩展人口管理的主体和内容，形成新型合作式人口管理模式。

（四）创新社会管理机制

社会管理机制创新的目标是形成一个党委领导、政府负责、社会协同、公众参与的社会管理格局，这也同样是人口管理机制创新的目标模式。人口管理机制应该是一个综合性机制，包括法律机制、行政机制和社会机制。

法律机制。法律是人口管理制度和体制的基础，是规范社会成员行为的基础，是协调各种利益关系的基础，也是人口管理其他机制的基础。应该在完善现行的相关法律法规的基础上，研究制定新的法律法规，如人口登记法、家庭福利法等，形成一个人口管理法律体系。

行政机制。它包含三方面的内容：一是人口管理体制的内部运行机制，从人口管理需要和行政效率的角度，建立一个科学的人口管理行政架构；二是人口管理体制与其他社会管理体制之间的协调机制，从统筹解决人口问题，促进人口长期均衡发展的高度建立一个跨部门行政协调渠道；三是人口管理基层平台，加大对社区组织建设的人力和资金投入，建立高效的人口管理行政基层。

社会机制。运用社会手段施行管理，动员社会力量参与管理。社会手段包括各种社会规范，如社会价值规范、社会道德规范、职业道德规范、社会行为规范等，提高全社会的公民意识等。公众参与是现代社会管理机制的重要特征，应该激发全社会各个方面的主动性，鼓励其以适当的方式和途径积极参与人口管理。

报告二

特大城市人口发展：国际经验、中国特色与政策选择

随着市场经济体制的建立，中国正在经历快速城市化进程，出现了一批以北京、上海、广州为代表，人口规模超千万的特大城市。特大城市的出现和发展对中国的经济社会发展起着重要作用。同时，随着大量外来人口的不断聚集，特大城市也面临着人口管理和公共服务的巨大压力。本研究总结国际特大城市人口发展的规律、特征及其人口规划的经验，并针对中国目前特大城市发展过程中的人口发展问题提出相应政策建议。

一、国际特大城市人口发展的规律与特征

从世界范围来看，很多国家都经历了一个人口优先向特大城市聚集的过程。人口从经济欠发达地区向发达地区转移集中，为特大城市的发展汇集了大量劳动力。而特大城市人口的空间结构大多经历了人口从中心城区向周边地区扩散的过程，从而形成较优的空间布局。

（一）特大城市的人口变化往往与城市化进程同步

从国际经验看，特大城市人口增长与所在国家城市化率的提高具有同步性。如图1[①]所示，1880～1920年美国城市化率年均增长0.58个百分点，是美国历史上城市化最快的一个时期。纽约城市人口从191万增长到562万，年均增长近10万人，这段时期也是纽约历史上人口增长最快的一个阶段。如图2所示，日本城市化率从20世纪30年代开始加速，“二战”期间有所回落，“二战”后飞速发展，到1970年已经达到72.2%，日本城市化进入了成熟阶段。东京城市人口在1920年还不足400万，到1940年达到735.5万，随后1945年减少到不足400万，到1955年超过1940年的最高点，到1970年达到1 140.8万人。

① 文中美国、日本、纽约、东京的数据资料如无特殊说明，均来源于相关年份世界发展指标，美国、日本、纽约、东京的统计年鉴。

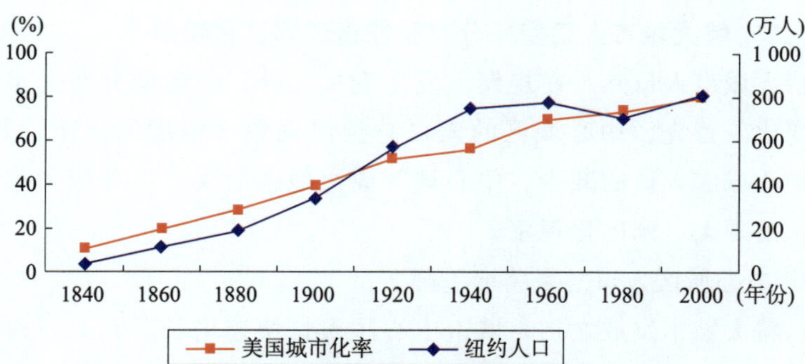

图 1　美国城市化率和纽约城市人口发展对比图

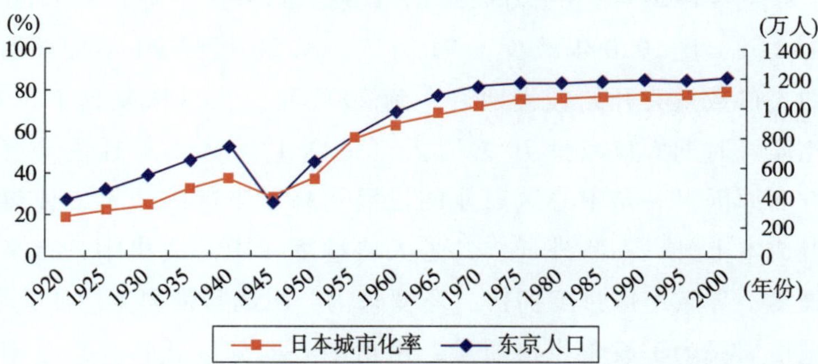

图 2　日本城市化率和东京城市人口发展对比图

英国是世界上第一个完成工业化的国家，早在 1800 年，英国城市化率就超过了 30%，进入了城市化快速发展的时期；到 1881 年，英国城市化率超过了 70%，步入城市化成熟阶段。伦敦在 1700 年人口不过 70 万，到 1800 年达到 100 万，伴随着英国城市化率的快速发展，伦敦城市人口步入了快速增长的时期。如图 3 所示，英国城市化的快速发展与伦敦城市人口快速增长时期也是基本一致的。

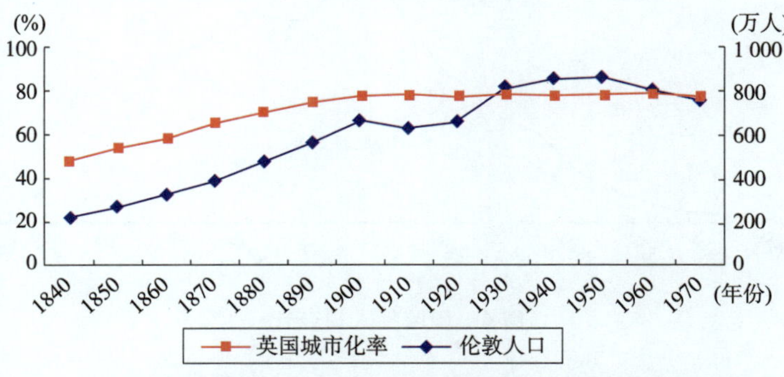

图 3　英国城市化率和伦敦城市人口发展对比图

（二）特大城市人口空间分布往往出现郊区化现象

特大城市人口除了在规模上发生变化之外，在空间分布上也持续发生变化。首先，中心城区的人口总量出现较大幅度的下降；其次，随着中心城区人口的减少，中心城区周边地区的人口出现较大幅度的增加，出现人口郊区化现象。

1. 中心城区人口总量将会下降。

在特大城市发展之初，城市中心区人口快速增长，其人口规模达到一定程度后，转而持续减少。以纽约中心区曼哈顿为例，1890 年仅 3.3 万人，到 1910 年达到 233 万人，此后人口开始下降，到 1980 年下降为 142 万，比 1920 年减少了 91 万人。从 20 世纪 90 年代开始，曼哈顿的人口数量又开始缓慢回升，到 2008 年，人口恢复到 163 万人，仍然比巅峰时期人口减少 70 多万人（见图 4）。人口外迁主要有以下几个方面原因：一是中心区商业的发展抬高了市区的地价，使得工商业发展成本上升，不断外迁；二是人口过度在中心区集中，带来人口高度聚集，导致市区过度拥挤、环境恶化、用地紧张和生活质量下降，于是城市居民为了改善生活质量，由市中心向郊区迁移；三是清理贫民窟和随之而来的大规模城市建设以及对城市中心土地的强化利用，一度带来城市中心区的繁荣，但很快就带来了大量的城市问题，加剧了城市向郊区分散的倾向。欧美一些大城市中心城区人口的减少也带来一些问题，如中心区工商业外迁造成就业机会减少，失业率上升，出现中心区贫困化现象，因此不得不提出内城振兴计划。

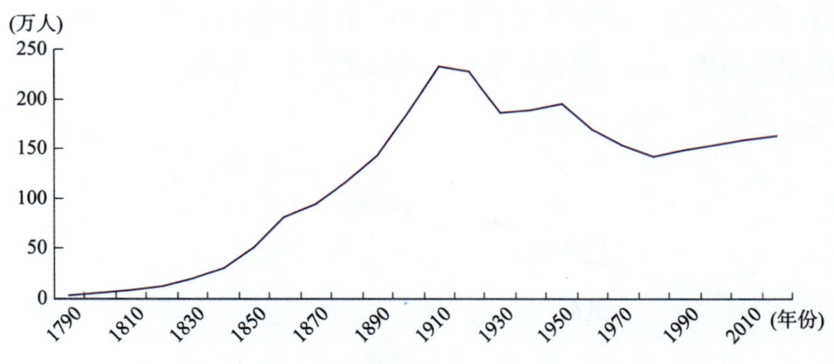

图 4　曼哈顿人口变迁

观察东京城市人口数量的变化，同样可以发现东京中心区人口减少的趋势。如图 5 所示，1920 ~ 2000 年（剔除“二战”对东京都心三区人口的影响，1945～1955 年战争结束后人口的恢复性增长），东京都心三区人口持续性减少。2000 年以来，人口重新出现小幅增长。

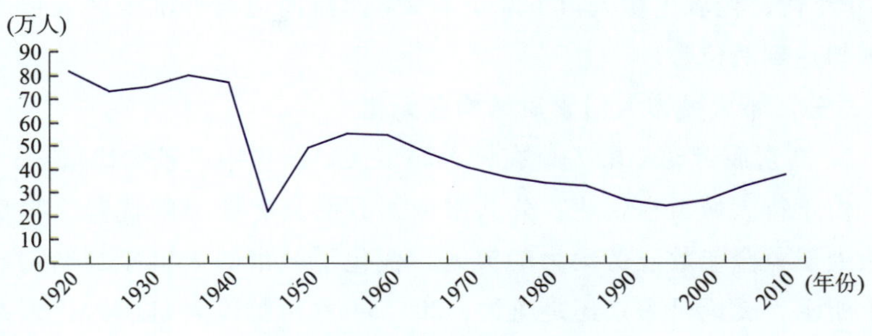

图 5　东京都心三区人口变迁

2. 中心区周边地区人口持续增长。

以东京市为例，自 20 世纪 50 年代末期，中心城区人口不断减少，然而郊区人口却持续增长。与 1960 年相比，1999 年东京市 10 公里圈层内（占核心市区面积一半稍多）人口减少 145.5 万人，占 50 公里圈层内总人口的比重下降了 18.9 个百分点。10～20 公里圈层虽然人口总量有所增长，但是增长速度相比 20 公里以外各圈层要慢很多，人口比重也出现下降，1999 年比 1965 年下降 6.9 个百分点。相比核心城区和近郊区，20 世纪 60 年代以来 30 公里以外的远郊区中人口增长速度要更快一些，比如 1965～1975 年，30～40 公里圈层人口增长近一倍，人口比重提高了约 6 个百分点（见图 6）。

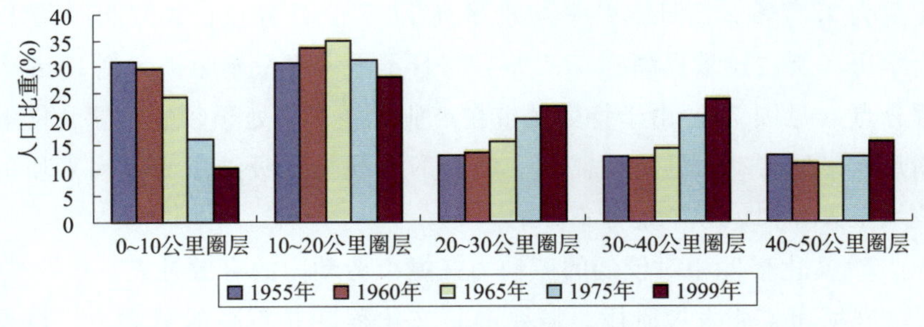

图 6　东京都市圈各圈层人口比重图

1910 年以来，随着曼哈顿人口的减少，占纽约市人口总量的比重也由近 50% 下降为不足 20%。而曼哈顿以外四个区的人口却在大幅度增长，人口总量从 1910 年的 243 万，增长到 2008 年的 673 万，增加了 430 万人，占纽约市人口的比重也提高了约 30 多个百分点。

20世纪60年代后，英国由于“城郊化”导致大城市衰退，内城人口负增长，具有城市特征的周边与外围地区人口大幅度增长。20世纪70年代，伦敦内城人口下降了4.2%，而周边与外围地区人口净增长率却达到两位数。

（三）特大城市人口素质结构多元化

1. 高素质劳动年龄人口在特大城市人口结构中占较大比重。

由于特大城市在就业、公共服务等方面具有明显的优势，吸引了大量处于黄金年龄段劳动力的流入，优化了城市的人口年龄结构。如表1所示，无论是东京还是纽约，20～54岁年龄段人口所占比重都要高于全国总体人口中同年龄段人口的比重。在城市保持较低的人口出生率的情况下，劳动年龄人口的流入缓解了城市的老龄化程度，促进了城市的发展。

表1 2007年人口年龄结构分布状况

单位：%

年龄	0～4岁	5～14岁	15～19岁	20～34岁	35～54岁	55～64岁	65岁+
纽约	6.84	12.17	6.63	22.13	29.75	10.24	12.24
美国	6.94	13.39	7.15	20.42	28.72	10.83	12.56
东京	3.79	7.54	4.48	23.56	27.18	13.93	19.53
日本	4.25	9.28	4.92	19.09	26.16	14.80	21.50

大量高素质劳动力的流入，也使得特大城市人口的文化素质要优于所在国家的平均水平。2002年东京就业人口中大学以上学历者所占比重为32.7%，比日本的平均水平高11.7个百分点；2007年大学以上学历者所占比重提高到37.2%，与日本平均水平差距扩大到13.4个百分点（见图7）。由于特大城市在产业发展方面处于领先位置，能够满足高素质劳动力的就业需求。纽约的崛起与其吸纳了大量高素质的技术工人和知识分子是分不开的。

2. 文化程度相对较低的劳动力是城市劳动力的有效补充。

在城市扩张发展阶段，需要的是文化程度并不高的劳动力，以便为城市发展提供足够的劳动力资源；当城市走向成熟，成为以服务业为主的现代化大都市时，文化程度不高的劳动力仍然是城市发展的重要补充。以香港地区为例，香港地区目前是亚洲的金融中心、航运中心，是一个重要的现代化大都市，但是对以“菲佣”为代表的城市生活服务人员的需求仍在不断增加。香港地区海外雇佣行业已有近40年

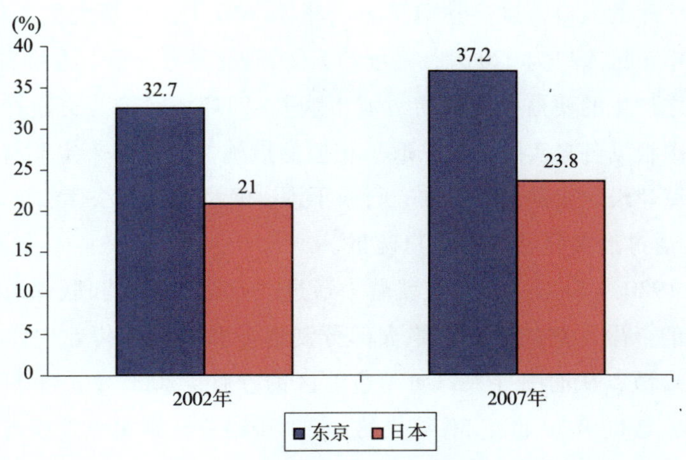

图7　大学以上学历劳动力占就业人口的比重

历史，最初的服务对象是外籍公务员及行政人员，从1972年开始，所有香港居民都可以申请雇用外籍佣工。统计数据表明，至2010年，在港外佣有近28.5万人，香港地区的家政市场每年能推动130亿港元的经济增长。随着香港人口老龄化程度的加深，对家政服务人员的需求在不断加大，每年的缺口达10万人。这些外来人口的学历水平并不高，“菲佣”中大约60%仅为中学学历。在东京都市区，还有近10%的就业劳动力为中学以下学历。

二、国际特大城市调整人口密度的主要措施

城市是人类文明进步的产物，特大城市因其集聚了大量人口和经济实体，由此产生的规模效应和集聚效应能够产生强大辐射力。但人口在特大城市过度集中，也使得特大城市发展面临着交通拥堵、环境质量下降、公共服务紧张等诸多问题。如巴西的特大城市里约热内卢从1950年代开始就出现了过度城市化，人口膨胀、失业严重、收入分配两极分化、城市环境恶化等一系列“城市病”，严重阻碍了城市的发展。对此，各国在特大城市的发展过程中，都采取了积极的应对措施，以调整人口密度，缓解各类矛盾。

（一）中心城区人口过密及解决措施

纽约市面积833.5平方公里，2005年人口为821万，人口密度为每平方公里9 850人。东京处于核心地带的23区总占地面积621.45平方公

里，2005 年的人口密度高达每平方公里 13 660 人。巴黎大区人口 1 200 万，其中市区人口为 220 万，密度约为 2 万人/平方公里。人口高度集聚后，随之产生的便是大城市的“城市病”，即环境污染、交通拥堵等问题。各国根据各自实际情况采取了相应的措施，概括起来主要有产业引导、新城建设、公共服务导向、行政干预、经济措施、法律法规等。

1. 通过产业转移引导人口疏散。

自 1920 年以来，纽约市就着力通过产业结构调整和联邦政府对城郊购房的金融优惠政策，将绝大部分制造业和商品零售业向纽约市周边地区疏散，从而引导人口向周边地区的迁移。2000 年，纽约制造业的从业人数仅为 20 世纪 50 年代的 1/3。纽约五区则重点发展与商品流通和信息处理有关的金融、法律、保险、会计、产品设计等高端服务业。韩国在 20 世纪 70 年代制订了《工业布局法》，规定制造业必须再布局，通过税收和金融等优惠政策，支持工业企业迁往周边。1970 年，首尔的制造业就业人数占 33.2%，到 1989 年已减少到 17.1%。东京都市圈是日本最大的金融、工业、商业、政治和文化中心，为了疏散产业，东京在 1959 年通过了《工业控制法》，在首都圈内的部分城市，对一定规模以上的工业、大学等设施的新增项目进行控制。区域规划采用多层、多核的空间结构，在近郊开发区设有新宿等 7 个副中心以及多摩等 4 个大型新城，疏散了首都圈内密集的人口。

2. 通过建设新城疏导中心城区人口。

1965 年的巴黎大区规划中确定了多中心发展新城的指导性原则，目的是把集中于巴黎的人口、就业、工业、服务业等引向外圈，并各自形成相应的中心效应，每个中心达到空间、人口、经济和社会等各方面的平衡。新城集中在巴黎周边 30 ~ 50 公里范围内，距巴黎市区 30 分钟路程，一般选择原有城镇较为密集的地区率先发展。新城具有各自的区位和地形，在规划建设中逐渐形成了自身独特的新城格局。新城改变了过去“住宅区”和“工业园”的规划思想，而是具有完善的文化生活设施和各种就业机会，新城居民享有与巴黎居民同等的生活水平。1958 年，日本东京都市圈规划提出了建设卫星城的目标，随后提出了多核多圈层发展模式。

3. 调整行政区域，实行大都市区统一规划。

随着城市发展进入扩张阶段，交通拥挤、郊区扩散、公共设施严重不足等一系列问题就会逐步显现，因此，从区域高度统筹协调安排城市人口、产业的空间布局，建立以特大城市为中心的发展概念成为必然要求。纽约大都市圈以纽约市为核心，由31个县组成，目前已进行了3次统一协调规划。东京都市圈规划区域包括“一都七县”，已先后进行了5次规划。巴黎大都市圈包括巴黎市、埃松、上塞纳、塞纳马思、塞纳圣德尼、瓦尔德马恩、瓦尔德兹和伊夫林等，1934年巴黎大都市圈进行了第一次规划，目前已经进行了6次规划。为了实行统一有效的规划管理，1955年进行了行政区划调整，设立巴黎大区（即巴黎大都市圈）计划区。伦敦市也先后进行了两轮伦敦都市圈区域规划。韩国在1984年制订了韩国首都圈规划，并在1993年对规划进行了一次调整。

4. 完善中心城区内部和对外交通基础设施。

为适应制造业外移和就业与居住的郊区化，纽约市大力发展地铁、公共汽车等满足人们的通勤需求。“二战”后，为适应郊区化浪潮和汽车交通的发展，纽约市加快了高速公路的规划和建设。目前，纽约有地铁线路28条，总长约1 140公里，490个车站遍及全市各地。方便快捷的交通设施使得那些居住于郊区但工作于城市中心的人的通勤时间大大减少。东京早在19世纪就形成了城市间铁路干线骨架，但当时主要用作货运及短途客运。“二战”后，随着经济的高速发展，出现大量至中心区的通勤客流，为此修建了约200公里的干线铁路及市郊铁路。1964年，建成了东京－大阪新干线快速铁路；到1970年，东京都市圈交通网络基本形成，新建干线及市郊铁路约357公里。

5. 分散城市功能，完善郊区公共服务。

为控制人口过度向首尔集中，韩国政府重点是促进首尔中心城区功能的疏散，除疏散产业外，还疏散公共机构和大学。韩国政府曾实施过4次公共机构的分散计划，目前已经疏散了56个公共机构。1972年由总统府制定的《大城市人口分散措施》中提出搬迁大学，并计划使12所大学在首尔都市圈之外开设分校。美国纽约通过在郊区提供廉价住房来吸引中心城区人口向郊区转移，1946年年底，在政府优惠政策下，纽约建筑商威廉·莱维顿在长岛附近用预制构件建造了第一批造价低廉的家庭住房，被称为“美国的经济适用房”。“莱维顿式”经济适用房的出现进一步加快了居住郊区化进程。

（二）交通拥堵及其解决措施

交通拥堵是世界上人口集中的大城市都面临的问题，中国一些特大城市也出现了严重的交通拥堵现象。有人认为中国的交通拥堵原因在于机动车数量太多，因此中国的一些大城市正试图通过控制人口的增长、限制私家车漫无边际的增长来缓解日益严重的交通拥堵。相对纽约、东京等特大城市来说，中国特大城市的机动车拥有量并不算多，比如2011年年底，北京机动车数量约500万辆，纽约的机动车超过了800万辆，东京都也有400万辆。有效的管理，重视交通法规宣传教育是缓解交通拥堵的主要措施。综合世界各国大城市的做法，概括起来主要有：

1. 建立发达的城市交通体系。

完善以城市轨道交通（地铁、轻轨等）为骨架，以快速公交系统、公共汽车、有轨电车为主，以出租车等运力为辅的城市公交体系。发达城市公共交通系统承载的人口出行比重平均在50%～60%之间，其中日本东京达80%。倡导公共交通优先的原则，在路网设计、路权分配、停车配套、价格制定等方面优先考虑公共交通。在交通管理方面，依靠自动化智能交通管理系统，实时监控路网状况，发布拥堵信息，疏导交通；通过交通信号区域控制系统的行人过街绿灯控制和盲人语音提示功能，帮助行人安全通过马路；设置智能收费系统、控制系统、引导系统、检测系统等。比如，东京采用智能交通系统能够有效降低交通事故30%，并减少了1/5的拥堵时间。

2. 充分运用价格机制，按时间路段收费。

先设定“适度拥堵”的行车速度，以此为目标，实时调整道路的拥堵费率，用电子显示牌和无线广播等办法公示，通过摄像头来记录经过的车辆的车牌，事后通知并征收拥堵费。这种做法有如下好处：一是收费能区分使用者的需求，能把“一个人用了别人就不能用”的私用品，分配给需求更大的人；二是收费能帮助政府进行成本核算，让政府可以像私营机构那样了解他们提供的设施是否划算，从而为将来的公共建设规模提供指南。

3. 多措施限制私人汽车使用。

限制私人汽车使用的总原则是鼓励购买，限制使用。对大排量小汽车征收高额购置税，鼓励购置小排量汽车。限制使用分两类：一类是通过行政手段控制私人汽车的使用，比如实行牌照控制，有限供给；分单双号、分时段出行等；鼓励私人汽车满载出行；严格限制私人汽车进入市中心区；鼓励“停车 + 换乘”的交通方式。一类是经济手段，征收各类税费，提高用车成本。分时计价提高中心城区停车费用，征收道路使用税，高峰期征收进城拥堵费，征收燃油税等等。

三、中国特大城市人口发展态势及面临的主要问题

中国正处于城镇化快速发展阶段，大量农村人口流向城市，城市规模不断扩大，加之城市之间发展不均衡，许多特大城市不断涌现，而且还在继续发展壮大，特别是以北京、上海、广州为代表的特大城市，人口膨胀的速度更快。特大城市人口规模的持续增长，已经超过人们的预期，出现了交通拥堵、人口过度密集等问题，面临着与国际特大城市发展过程中相类似的挑战。

（一）中国特大城市人口持续增长

改革开放以来，中国经济持续快速增长，推动城镇化快速发展。在城镇化快速推进过程中，特大城市仍将是城镇新增人口的主要地区。这是因为城市作为优质要素资源的聚集地，多年来经济社会发展处于全国领先水平，在区域、城乡发展不平衡的情况下，对人口有巨大的吸引力；面对复杂多变的国际政治经济环境和国内经济增长下行压力，中国还需要依靠特大城市引领产业升级，在更高层次上参与全球分工，提高国家综合实力和国际竞争力，因而资源配置、投资方向仍然向大城市集中。第六次全国人口普查数据显示，中国已经有 8 个城市（北京、上海、广州、深圳、天津、重庆、成都、苏州）人口超过 1 000 万，占全国总人口近 10%。随着城镇化发展和人口的进一步聚集，预计这一数字还将继续扩大。这些城市已经成为国家或区域的经济、文化中心和交通枢纽。

（二）特大城市人口增长主要来源于流动人口数量的增长

特大城市的人口增长体现为两方面，一方面是户籍人口的增长，另一方面是流动人口的增长。就户籍人口的增长而言，包括自然增长和迁移增长，近年来，许多特大城市的户籍人口自然增长已经进入较低的水平，流动人口成为特大城市人口增长的主要来源和首要因素。北京市户籍人口增速平稳，“十一五”期间，年均增长率为 1.64‰；

流动人口增长迅猛，近10年来，流动人口增长占常住人口增长的74%。广州在2000年以后，户籍人口的自然增长率一直保持在5‰以内；流动人口规模却在快速扩张，2011年统计数据显示，广州登记流动人口数量为726万，与常住人口790万的数量已基本持平。

（三）一些特大城市提升区域经济实力、带动周边地区均衡发展的作用仍有待加强

特大城市的发展具有辐射力，带动了区域经济的发展，如广州2010年GDP总量约占广东省GDP总量的23%，是华南地区经济社会发展的重要引擎之一。作为珠江三角洲地区综合性门户城市和广东省的省会城市，广州充分发挥特大城市的经济优势，与周边城市功能互补，形成一体化结构。但也有一些特大城市并未发挥主体优势，带动周边城市经济，如在北京市周边就存在贫困程度较深的环首都贫困带。在该贫困带中，目前仍有国家和省级扶贫开发工作重点县25个（其中20个为革命老区县），贫困村2 804个，贫困人口154万人，占河北省贫困人口总数的42%。且随着时间的推移，该地区与本省和周边北京远郊县区的贫富差距在不断拉大。截至2009年年底，北京周边这25个贫困县的农民人均纯收入、人均GDP和人均地方财政收入不足北京周边县（区）的1/3、1/4和1/10。从这个意义上说，目前中国特大城市对资源的聚集效应大于其对区域发展的溢出效应。

（四）特大城市的人口分布不合理，城市区域功能规划对人口疏散作用较小

虽然许多特大城市都对城市区域按照功能进行了划分，形成了不同的城市功能区，但是对城市中心区的功能分散和人口疏散作用较小。例如，北京市四大功能区中，城市发展新区和城市功能拓展区人口比重分别比2000年人口普查时上升了5.7个和1.6个百分点，首都功能核心区和生态涵养发展区人口比重分别下降了4.6个和2.7个百分点。但是，中心城区人口依然过度密集，与周边城区的差别依然明显，这一分布格局还没有发生根本性改变。北京市2010年“六普”数据显示，首都功能核心区人口密度最高，为23 407人/平方公里，而城市发展新区仅为958人/平方公里。

四、中国特大城市人口发展的主要思路和政策建议

人口流动和集聚本身是一种社会经济现象，有其自身的规律。特

大城市的人口流动必须尊重这一规律，并主要倚重经济、产业、法律等手段发展人口，坚持“政府引导、市场调节、个人选择”，防止人口过快增长；同时，必须意识到市场不是万能的，当前造成大城市人口过分集聚的重要因素是公共服务过度向大城市倾斜，只有公共服务的合理布局才能实现人口的合理布局，必须填补市场的缺陷，引导教育、医疗、文化等设施在全国的合理布局、在城市内部不同区域的合理布局，才能实现人口合理流动、有序分布。

因此，解决特大城市人口相关问题要深入贯彻落实科学发展观，按照中央关于全面做好人口工作、特大城市要合理控制人口规模、大中城市要加强和改进人口管理的总体要求，以城市规划和都市圈规划为先导，建立健全人口规模调控的政策协调和部门协调机制，综合运用经济、法律、行政等手段，合理规划特大城市的人口数量、素质、结构和分布，实现特大城市人口、资源和环境协调可持续发展。

（一）需要处理好的几个关系

1. 处理好主城区和行政辖区的关系。

中国特大城市不光有人口高度集中的城市建成区，也包含大量的农村地区，既包括生活在城市的大量人口，也包括生活在农村的人口，而且人口在这两个区域的分布存在严重的不均衡，城区人口过度集中，但平均来讲整个城市辖区并不存在人口过度聚集的问题。以北京为例，对于1.68万平方公里的行政辖区而言，北京人口密度并不高。这是中国特大城市普遍存在的问题，主城区人口过度集中，但是行政辖区并非人口过度集中，因此制定相关政策时要区分主城区和行政辖区的概念。

2. 处理好特大城市和区域发展的关系。

与国际一些特大城市的成功发展不同，中国的特大城市发展对带动周边区域共同发展的作用不够大。资源向特大城市过度集中，以至于影响到了区域内其他地区的发展。因此，中国特大城市发展要明确和所在区域的关系，要将特大城市的产业、居住、公共服务等功能适当向周边区域扩散，通过特大城市带动区域经济的协调发展，而不是一味地集中各类资源。

3. 处理好产业升级和低端生活服务业发展的关系。

促进产业升级是提升中国特大城市国际竞争力的关键，政府要制定引导产业升级的相关政策。同时，要认识到城市不仅需要金融、信息等高端服务业，也需要基本的、物美价廉的服务业。要认识到城市宜居的关键是能够提供更为方便的城市生活，因此，城市在产业升级转型的同时，要为有利于居民生活的低端生活服务业的发展留足空间，做到协调发展。

4. 处理好新城建设和旧城发展的关系。

发展新城是缓解中心城区压力的重要途径，新城发展成功的经验是将“规划的城市”转为“居民参与经营的城市”。新城发展和人口郊区化可能会带来中心城区的衰落，要保障中心城区的活力，首先要挖掘中心城区存量建设用地的潜力，并且赋予中心城区居民更多的发展自主权，让居民参与经营城市，提高城市的可持续发展能力。

（二）主要政策建议

1. 科学编制特大城市都市区规划。

科学规划是实现人口合理布局的前提。许多特大城市在发展过程中过分注重自身的发展，忽视区域的协调发展，导致对周边地区的吸附效应远远大于辐射效应，各种要素和资源由周边地区向特大城市高度集中，造成特大城市与周边城市的发展差距扩大。现阶段许多特大城市仍然孤立地讨论自身的人口规模发展问题，而忽视了区域发展的大背景。特大城市要充分重视都市区规划对人口规模发展的重要作用，特大城市已经不可能在“一城独大”的格局下实现可持续发展，需要与周边地区统筹协调进行统一的都市区规划。规划要以人口为主要参数，都市区内的不同城市之间要形成定位明确、主导产业突出、功能互补、错位发展的基本格局。通过多元化的产业布局，以及中心城市的辐射带动作用，不断增强都市区内其他城市的人口聚集能力，为特大城市人口的疏导和扩散创造条件，引导人口在都市区内合理分布。

2. 有重点地发展中小城市和小城镇。

国家应制定合理建设城镇体系的战略，协调推进大城市、中小城市和小城镇建设，形成科学合理的城镇体系，有重点地发展中小城市和小城镇，不断提高中小城市和小城镇的经济发展水平，积极推动产业优化升级，增强对就业人口的吸引力。通过科学的规划推动产业、基础设施和服务的合理布局，进而增强中小城市和小城镇对人口的综合吸引力，实现与大城市的协调发展，为特大城市的人口发展和流动人口的聚集提供支持。

3. 通过产业调整和服务引导人口合理分布。

充分发挥城市规划在人口规模发展中的先导作用，按照特大城市的发展战略和不同功能区的功能定位，加快产业结构调整和优化升级，把人口作为一个重要的参数加以考虑，充分发挥产业对劳动力的配置作用，通过产业调整引导人口合理分布。将制造业和一些劳动密集型产业向周边劳动力资源丰富地区转移，缓解中心城区的人口压力。

决定人口流动的主要因素是就业和居住，通过产业调整仅仅能够引导人口实现就业的转移，但是还不能完全实现居住的转移，容易出现职住分离的现象，加大交通的压力。在产业调整的同时，应加快推进相关配套服务的供给，包括义务教育、医疗、计划生育、公共卫生、住房等，在强调产业功能的同时，不断完善服务支撑功能，实现产业发展和服务提供的均衡发展和良性互动，引导人口实现真正的转移。促进行政、教育、医疗等资源在市域内的均衡配置，有效疏导中心城区通勤、居住人口。

4. 提高城市管理水平。

科学的城市管理可以有效缓解人口过度聚集所带来的问题。在城市建设过程中，要综合运用现代信息化技术，增强城市在交通、防灾减灾、疾病防治、公共安全、应急处理等方面的综合能力，加快建设数字城市、智慧城市，提高城市决策的科学化程度。充分挖掘城市发展潜力，提高城镇建设用地利用效率，充分挖掘存量建设用地潜力，减少城镇建成区内空闲、废弃、闲置建设用地比例，鼓励城市开发利用地下空间资源。

5. 推进流动人口基本公共服务均等化。

在各地探索实践的基础上进一步深化改革，不断推进特大城市流动人口基本公共服务均等化。继续推进户籍制度改革，逐步降低户籍的“福利含量”，使附加在户籍制度背后的住房、教育、医疗、就业等福利逐步惠及流动人口；建立健全城乡统一的人口登记制度，分步推进流动人口基本公共服务均等化；改变现阶段各部门分散制定流动人口基本公共服务政策的现状，建立涵盖各类基本公共服务项目的、相对统一的流动人口基本公共服务均等化政策，形成各部门协同推进流动人口基本公共服务均等化工作的基本格局。

6. 加快推进交通体系建设。

特大城市要坚持公共交通优先发展的理念，大力发展公共交通，特别是轨道交通，在定价、税收、补贴等方面，对公共交通采取优惠和扶持政策，加大城市中心区公共交通建设力度，不断扩展中心城区公共交通向周边区域的延伸，进一步缩短通勤时间，注重轨道交通周边土地的综合开发利用，新城建设前要事先完善与中心城区的公路、轨道交通等交通基础设施。

特大城市应加快都市圈内城际公共交通的发展，不断建立快捷的城际公共交通体系，逐步吸引城市人口和外来人口向中心城区以外疏解；制定和推行各种政策，积极倡导和支持人们采用科学的出行方式，提高公共交通出行和绿色出行比例；适当提高私人机动车的使用成本，除了采取限行的方式，可以通过收取拥堵费和加强停车管理等手段，减少进入城市中心区的机动车数量，缓解中心区的交通压力。

报告三

上海未来人口发展研究报告

上海是中国改革开放的窗口和现代化建设的前沿。2011 年，上海经济总量达到 1.9 万亿元，超越新加坡、中国香港、京都和首尔，位居全球大城市第 11 位。按常住人口计算，上海的人均生产总值为 1.28 万美元，达到国际中上富裕国家或地区水平。在巨大经济利益的吸引下，上海的外来人口数量迅速增加，城市人口的结构和空间分布呈现显著特点，人口发展进入一个新的历史时期。

一、上海人口发展的基本态势

（一）人口总量持续增长，突破规划目标

20 世纪 90 年代以后，上海户籍人口自然变动保持负增长，而常住人口规模快速扩张。1990 年“四普”时常住人口为 1 334.19 万人，2010 年“六普”时达到 2 301.91 万人，20 年间增加了 967.72 万人。上海“九五”、“十五”、“十一五”确定的常住人口规划目标均被突破，“十一五”规划目标（2010 年）为 1 900 万人，实际为 2 302.66 万人，超过规划 402.66 万人。常住人口规模不断扩张的因素主要有两个：来沪流动人口快速增长和户籍人口迁入大于迁出。

（二）人口密度不断上升，城乡人口分布落差悬殊

随着上海市人口总量规模的不断扩大，全市人口密度不断升高。“六普”数据显示，上海常住人口密度为 3 631 人/平方公里，是全国人口密度平均水平的 20 多倍。总体上看，上海人口分布呈现中心城区密度过高、郊区人口密度较低的特征。中心城区人口密度为 24 137 人/平方公里，近郊区人口密度为 4 684 人/平方公里，远郊区人口密度为 1 388 人/平方公里。

（三）人口老龄化与少子化并存，结构性问题突出

“六普”数据显示，全市常住 60 岁及以上老年人口为 345.6 万人，所占比例为 15.07%。目前，第一代独生子女父母开始步入老年阶段，

据预测，2013 年左右全市新增的老年人口中将有 80% 以上为独生子女父母。同时，上海户籍人口总和生育率只有 0.83（2009 年），远低于更替水平（2.1）。而且，上海比全国提前 25 年出现了 65 岁以上老人人口数超过 14 岁以下少年的情况。2010 年上海 0～14 岁人口占总人口的 8.63%，同 2000 年“五普”相比，下降 3.63 个百分点；65 岁及以上人口占总人口的 10.12%。目前上海人口以 50～54 岁最多，25～30 岁人口次之。而全国则是 20～24 岁青年最多，40～44 岁中年人次之。

二、上海人口发展中面临的问题

从政策层面来看，现有的人口发展政策分为三个方面：一是调控人口出生；二是调控户籍人口迁移；三是调控流动人口。上海现有的人口调控政策逐步趋于完善，执行情况良好，对于合理调控全市人口规模、确保城市运行安全起到了重要保障作用。全市低生育水平保持稳定，户籍人口呈较为稳定的缓慢增长态势，但是常住人口增长迅速。当前面临的主要问题是：

（一）人口总量持续增长超过预期，资源、环境、城市建设和日常运行面临巨大压力

上海是一个资源紧缺型城市，城市发展、日常运行和保障所需的资源能源基本上都依赖外部供给。由于全市实有人口、常住人口、户籍人口规模均呈持续增长态势，城市发展既面临着资源、环境“短板”的“硬约束”，也存在基础设施建设进度与人口快速增长难以配套的“软约束”。由于人口规模不断膨胀，城市基础设施处于超负荷状态，城市运行风险增大，加大了城市社会管理难度。

（二）以户口为前提的利益分配制度给户籍迁移政策的执行带来巨大压力

长期以来，住房、教育、医疗、劳动用工就业等制度的设计与实施均以户籍为前提，为追求附着在户籍背后的利益，要求将户籍迁入本市的人员逐年增多，主要包括上海在不同历史时期的支内支边人员、两地婚姻家庭的夫妻投靠人员、希望在上海就业落户的高校毕业生和外省市人才等。

（三）“新二元结构”问题突出，已经成为特大城市发展中面临的重点和难点问题

“新二元结构”是指城市内部非户籍人口与户籍人口之间在经济

收入、公共服务、社会保障等方面因制度缺失导致的发展差异，是传统“城乡二元结构”在城市的延伸和表现。当前，外省市来沪流动人口持续快速增长，造成公共服务资源紧张、城市管理压力巨大、社会治安形势严峻以及群体性矛盾风险积聚等问题。新生代农民工更加渴望市民身份认同、待遇平等及融入城市，给上海解决“新二元结构”提出了新的考验和挑战。

三、影响上海未来人口总量变动的因素分析

上海作为一个国际化的特大型城市和全国重要的经济中心，人口发展具有很强的开放性，影响人口总量变动的因素有很多。

从外部影响因素来看，在经济全球化和世界经济竞争日益激烈的大背景下，上海人口构成的国际化特征越来越明显。从中央对上海“四个中心”的战略定位以及全国城市化快速发展的大趋势判断，上海仍是我国人口的一个重要导入区。国家宏观政策的走向，将有利于上海合理调控人口总量规模。上海仍将是长江三角洲区域的人口特大型城市和经济中心，但人口发展可能呈现集聚和分散并重的局面。

从内部影响因素来看，未来一段时期内，上海人口的生育水平仍将远低于全国平均水平，人口出生对于人口总量增长的影响作用并不大。上海经济社会持续发展对劳动力存在刚性需求，但随着经济发展方式转变和产业结构调整，将更注重劳动力的素质需求。城市建设对人口规模的扩张具有一定的约束作用和引导作用。同时，优质公共服务资源对外来流动人口的吸引作用也不断增强，在少子化和老龄化的双重作用下，城市生活服务业和社区对流动人口的需求日益增加，由此导致外来人口将不断增加。

四、关于上海城市人口最大承载量的判断和未来人口增长空间

（一）人口最大承载量

人口承载量的判断既要顺应全国城镇化加速发展的趋势，又要满足自身发展需求，而且应与城市的资源环境、基础设施和公共服务等相匹配。一个城市的人口最大承载量的核心是它受资源环境约束，到底能够吸纳多少人口。本文从土地资源、淡水资源、生态环境、基础设施建设、住房建设和城市规划6个方面来分析上海未来人口总量极

限。如果按照现有规划、当前标准和现实情况来计算，制约上海人口承载量的因素主要为生态环境，总量为 1 800 万～2 300万人；如果能够突破现有规划和某些政策条件，同时改善生态环境和居民生活方式，则制约上海人口承载量的因素为土地资源即城市建设用地规模，承载量可达到 2 500 万～2 800 万人。

（二）未来人口增长空间

2010 年“六普”时上海常住人口规模已经达到 2 301. 91 万人，根据上海人口最大承载量 2 300 万～2 800 万人的方案，对照现有人口规模，上海未来人口增长空间：低方案为 –2 万人左右，中方案为 198 万人，高方案为 498 万人。也就是说，未来上海人口增长空间最大为 498 万人。

五、关于上海人口发展的政策建议

（一）加强城市规划调控，充分发挥城市规划在调控特大城市人口规模中的先导作用

坚持规划引导，在编制城市发展总体规划时，统筹考虑人口规模、人口结构和人口分布与资源环境承载能力、基础设施建设和公共服务资源之间的匹配，立足人口增长的高方案来规划未来城市建设与发展。各类专项规划及重大项目规划都要将人口参数作为资源配置和公共服务的基础依据。

（二）加快转变经济发展方式，充分发挥市场和经济杠杆在人口发展中的基础性作用

坚持“以业控人”，以产业调整推动人口总量调控，通过转变经济发展方式和产业结构优化升级来调控劳动力需求。大力发展先进制造业和现代服务业，加快转移劳动密集型产业。充分发挥市场、产业在人力资源的数量和结构配置中的决定性作用，促使人口规模与产业结构相适应，有效控制上海市人口增长速度和规模。

（三）有计划控制户籍人口机械增长，稳步实施居转户制度

按照国家户籍制度的改革方向，进一步完善上海市户籍迁移和管理政策，合理调控户籍人口机械增长。年度户籍人口增量优先满足上海“四个中心”建设紧缺、急需的高端人才和技能型人才落户需求。逐步化解户籍迁移的历史遗留问题。进一步完善引进人才申办本市常住户口的制度。搞好居住证与户籍的衔接，不断完善居住证转办常住

户口的制度。

（四）着力解决“新二元结构”问题，引导流动人口合理有序流动

强化流动人口服务和管理，通过政府引导和市场选择，形成人口“有序流入、理性流出”和“以证管人”、“以房管人”、“以业管人”的联动格局。建立以居住证为基础的来沪人员梯度公共服务制度，根据流动人口的来沪年限、参保情况、纳税记录等情况，提供相应水平的公共服务。以质量提升为重点，完善来沪人员计划生育、子女教育、医疗卫生等服务。以提升覆盖面为重点，做好来沪人员社会保障。建立面向来沪人员的公共就业服务体制框架。加大公共租赁房的建设力度，满足来沪就业人员的基本居住需求。推动人口构成多元化背景下的融合发展，使新老上海人在融合中发展，在发展中融合。

（五）合理调节户籍人口出生，重点控制流动人口出生，保持人口自然变动低增长

按照国家统一部署，进一步完善本市生育政策，合理调节户籍人口出生，改善人口年龄结构，促进人口长期均衡发展。重点加强流动人口计划生育服务管理，加强人口计生依法行政，控制和减少违法生育现象，使常住人口自然变动保持低增长或者零增长态势。

（六）建立完善“1966”城镇体系，实施人口发展功能区战略，优化人口空间分布，化解人口总量持续增长的压力

立足于长江三角洲城市群发展，构建和完善“1966”城镇体系基本框架，即“1个中心城、9个新城、60个左右新市镇、600个左右中心村”。在市域范围内实施人口发展功能区战略，产业发展、城市改造、社会事业发展、交通建设等要与人口分布优化目标同向同步。调控中心城人口规模，严格控制中心城蔓延。大力推进郊区新城建设，加快连接中心城与郊区的大容量快速交通设施建设，引导人口向新城和新市镇集聚。

（七）优化人口结构，提升人口素质，促进人口发展

用好有限的人口增长空间，根据经济社会发展需要，在适度、有序地调控常住人口总量的同时，引入25～35岁黄金年龄段的劳动力，减缓人口老龄化程度，弥补劳动力不足。完善政策，提升人才吸引能力和高端人才集聚度，大力培养和集聚经济、金融、贸易、航运等领域的高层次科技人才、高层次管理人才和高技能人才，推动上海从人口特大型城市向人力资本强市转变。

（八）适应经济市场化、人口多元化和国际化的新形势，加强和创新社会管理，完善公共服务体系

城市规划、城市建设、社会管理和公共服务要适应人口多元化的发展趋势，不仅要统筹考虑以户籍和居住时间来划分的人口群体，而且要重视以经济和社会功能来划分的人口群体，如白天人口、晚上人口、通勤人口、商务人口、旅游人口。积极借鉴国际先进经验和通行做法，改进和完善城市人口调控、社会管理和公共服务，不断提升国际化水平，不断增强上海在国际上的影响力、吸引力和竞争力。

报告四

加快“农二代”社会融入步伐 推动城市包容性发展

——第二代上海外来务工人员社会调查分析

2011 年，上海市松江区人口和计划生育委员会、上海社会调查研究中心华东师范大学分中心等单位以年龄在 35 岁以下，随父母一起进入上海生活、学习和工作的“农村户籍外来务工人员第二代”（以下简称“农二代”）为对象开展了社会调查分析。本次调研共发放问卷 2 100 份，回收有效问卷 2 000 份，抽样范围包括上海市松江、闵行、嘉定等外来人口较为集中的三个区。调研发现，“农二代”体现出与其父辈截然不同的社会、心理和行为特征。正视这一社会“新鲜血液”，加快“农二代”融入上海社会的步伐，增强城市归属感，是上海促进社会公平、推动包容性发展的客观要求。

一、“农二代”已成为上海的重要新兴力量

调研表明，“农二代”已经成为上海外来人口增长的重要部分，越来越多的“农二代”在社会事务参与、文化适应、进取意愿、心理价值等方面，表现出与其父辈相异的新生代特征。

（一）在沪“农二代”规模持续扩大

“六普”数据显示，2010 年上海外来 0 ~ 35 岁人口规模已达 577.4 万人，占上海同年龄段人口总量的 53.5%，占外来人口总量的 64.3%（相应的“五普”数据分别为 244 万人、31.8% 和 70.4%），10 年内总量增幅达 136.6%，其中，14 ~ 35 岁年龄段的外来人口为 503.6 万，占上海同年龄段人口总数的 56.5%，特别是 17 ~ 35 岁年龄段内的任一年龄，外来人口的数量均大于本地户籍人口。表明一方面“农二代”群体规模持续增长，是外来人口规模持续扩大的重要主体，已经成为

上海当前以及未来劳动力供给的重要来源；另一方面，上海常住人口中青少年群体的构成发生了深刻变化，本地、外地青少年人数相近、分布相融的态势愈加明显。此外，调查发现，约26%的“农二代”出生在上海，结合外来育龄人口可能在沪生育350万（包括已经生育和可能生育）的预测①，未来将有越来越多的“农二代”，甚至“农三代”在沪出生、成长，外来青少年人口在沪自然增长的趋势日益明显，将与机械增长长期并存。同时，在沪出生人口的原籍地痕迹将基本消失，成为一个较为特殊的庞大人群。

（二）在沪“农二代”逐渐适应上海社会

调查显示，不少“农二代”已逐步适应在上海的学习、就业及生活。约2/3（67.1%）的受访“农二代”自我评价“适应力强”或“较强”，特别是抗逆能力突出，达4.93（满分为6），超过七成（72.7%）的受访者则认为其在上海与周围的人“相处得比较好”。同时，正在上学的“农二代”也表现出对学校生活的良好适应性，高达86%的“农二代”学生认为自己对学校生活“非常适应”或“比较适应”，对学校总体状况满意的比例达到85.4%。相关数据也显示，相比较家乡学校，有50%的被访学生更喜欢上海学校，表示更喜欢家乡学校的仅占17%。通过相关性分析发现，来沪时间与其适应性有明显的正相关性，在沪生活时间越长，“农二代”对上海社会环境的适应性越强。这些都说明上海近年来以增进融合为目标的包容性社会政策体系，特别是改善“农二代”就学和促进“农二代”就业的努力，取得了较为明显的成效。

（三）在沪“农二代”参与社会公共事务的热情较高

调查反映，在沪“农二代”已经具有一定的社会参与意识，不少人参加过“单位组织的社会活动”（42.6%）、“社区组织的公益活动”（39.9%）等社会事务，少数人曾经“通过网络或传媒发表意见”（12.2%）、“参加基层选举”（6.4%），还有人曾“参与各类听证会”（3.7%）。完全没有参与过任何社会公共事务的仅占15.7%，表明与“农一代”相比，“农二代”的权利和民主意识有了显著增强（见表1）。

---

① 据“六普”数据，2010年上海外来人口中21～35岁的外来育龄人口数为412.25万，占外来人口总数的45.92%，按外来人口内部通婚，且家庭平均生育1.7个孩子估算。

表1 “农二代”参加过的社会公共事务

排序	参与的社会公共事务	百分比（%）
1	单位组织的社会活动	42.6
2	社区组织的公益活动	39.9
3	从未参与任何事务	15.7
4	通过网络或传媒发表意见	12.2
5	社区基层选举	6.4
6	各种听证会	3.7
7	政府热线咨询	2.4
8	信访	1.7
9	其他	1.2

（四）在沪“农二代”普遍具有较强的社会进取意愿

积极的社会进取意愿是人们主动融入社会生活的明显标志。从本次调查的情况来看，在沪“农二代”希望通过努力就业和提升学历来改善自身的境遇，进而缩小与上海本地居民差距的意愿较为强烈。就长远打算看，高达八成的被访“农二代”表示将会留在上海发展，其中表示“非常有可能”和“一定会”的占38.01%（见图1），即使别的城市有很好的发展机会，也有39.79%的“农二代”不愿离开上海，显示出这一群体扎根上海，成为“新上海人”的强烈渴盼。具体来看：在就业方面，“农二代”具有多元化的职业理想。与他们的父辈相比，他们更倾向于成为各类专业技术人员（18.3%）、“自由职业者”（18.5%）或“企业员工或公司职员”（16.1%），仅有6.91%的人希望成为“社会服务人员”，表现出明显的职业阶层向上移动意愿。在就学方面，“农二代”则表现出对学历的一定期望。在受访的“农二代”学生中，希望达到“硕士及以上”水平的占13%，希望达到“本科”水平的占14%，希望达到“大专”水平的占8%，希望达到“高中或中专”的占14%。

（五）在沪“农二代”基本具备适应现代社会生活的价值取向

在道德观方面，绝大多数“农二代”都认为“遵守公共秩序与道德规范是每一个公民应尽的责任”（88.5%），以及“诚信是非常重要的”（91.1%）。在发展观方面，受访的在沪“农二代”中有87.1%的人认为“每个人都有公平、自由发展的权利”，不少人高度认同“专业技能”、“拼搏精神”在职业发展中的重要作用。

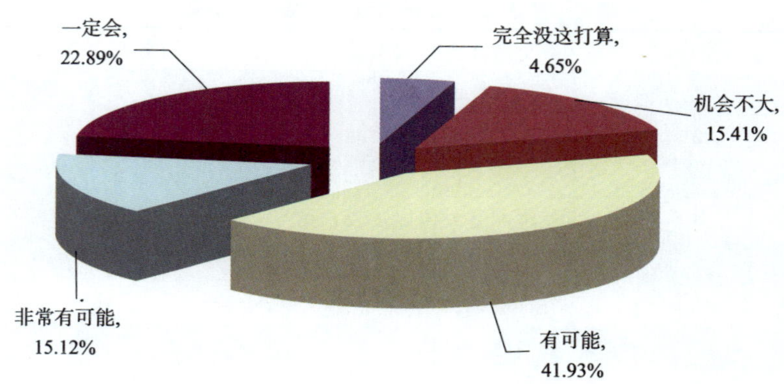

图 1　“农二代”留沪发展意愿

二、“农二代”融入上海的程度还需进一步提升

尽管近年来上海不断改善外来人口的服务和管理水平，但由于主客观多方面因素，“农二代”社会融入程度还不高。调查显示，约60%的受访“农二代”仍然认为自己是“老家人”，仅有16%的人认为自己是“上海人”、“松江人”或“闵行人”。多数“农二代”并不认为自己是真正的上海社会的一分子，而只是上海的一名“过客”，甚至尚有21%的受访者表示“讨厌”上海人。

（一）非学生群体学历、就业层次普遍较低

根据调查显示，“农二代”中非学生群体的学历层次较低，54.8%为初中学历，直接导致就业面狭窄，行业低端，绝大多数在个体与私人企业工作，大量集聚于第一、第二产业和部分低端第三产业。“农二代”在传统商业服务业、农林牧业和生产运输等社会地位较低的行业就业的比例是户籍青年的4.4倍。同时，“农二代”的收入水平较低，78.7%的人在2 000元以下；劳动强度较大，四成“农二代”每周工作时间达到44小时及以上，近两成甚至超过了50小时。这种就业难、收入低、强度大的情况，反映出“农二代”在市场经济的激烈竞争中缺乏人力资本积累和职业规划，也直接导致其在上海生活的较大压力，挣扎在生存边缘，向上流动的前景较为渺茫。

（二）社会交往面局限于亲缘和业缘群体

调查显示，超过一半的“农二代”觉得“别人不理解自己”，这主要是因为他们的生活圈比较狭小，缺乏社会沟通，尤其是和上海本地人的交流沟通。数据显示，“农二代”的社会交往对象依次是：父

母及家人、同事、同学、同乡、亲戚朋友、邻居和社工。其中，以父母家人与同事为社会交往对象的“农二代”占67.9%，说明“农二代”的交往圈以亲缘群体和业缘群体为主，同质性较强，拓展性不够。其中，与非学生群体相比，学生群体的交往对象更受局限，除父母、家人和同学以外，很少与其他人群交往。在被问及遇到困难时的求助对象时，主要也集中于父母及家人、亲戚朋友、老师同学以及同乡、同事等非正式群体，对正式的社会组织或机构的利用率仍然较低。与此相对应的是，近70%的被访者都有过一次以上的搬家经历，转过1~4次学的则占57.7%，住所与就读学校的不断变化，加大了其社会关系网构建和社会融入的难度。

（三）多样化需求尚未得到有效满足

“农二代”和户籍青年一样，具有多样化的需求。在回答目前最需要的帮助时，39.9%的人选择了“家教、补习功课、多学知识”，29.4%的人选择了“有人和我聊天，了解我的心事”，25.6%的人选择了“多些出游活动，见识居住社区以外的地方”，另有8.7%的人选择“升学、求职咨询”。作为满足居民需求重要载体的社区，则发挥作用有限。多达65.3%的被访者表示社区里从来没有或者很少有可供青少年参加的活动。在对社区资源的利用形式上，有经常去公园（41.7%）、运动场（22.8%）、社区活动中心（17.0%）、图书馆（13.2%）的，此外，还有18.7%的人认为没有可用的社区资源。这表明社区在服务“农二代”方面力度较为欠缺，还有巨大的提升空间。

（四）部分群体处于社会边缘

调查显示，随着年龄的增长，部分“农二代”的整体生活满意度有下降的迹象，特别是已离开学校但没有工作的“失学、失业、失管”群体最低，整体生活满意指数为3.2（满分6分，均值3.93），同样的情形出现在“亲社会规范”（4.47，满分6分，均值5.11）、心灵健康（4.48，满分6分，均值5.47）和行为问题（1.90，满分0分，均值1.40）三个指标上。这说明一方面随着逐渐成熟，“农二代”对自身处于社会底层地位和难以真正融入本地主流社会的认知愈加清晰；另一方面，缺乏足够的社会支持系统和稳定就业，极易导致部分群体背离社会主流价值观，游离于社会边缘，成为城市、农村的“双重边缘人”，突出表现为“失学、失业、失管”“农二代”群体与社会疏离度较大，是社会和谐稳定的隐患，需要引起高度重视。

三、促进“农二代”全面融入上海的对策建议

（一）大力营造开放包容的社会氛围

一是强化新闻媒体宣传。通过回顾上海的城市发展历史和解读国外大城市的成长历程，进一步展现上海悠久的移民传统，凸显国际化大都市应具备的海纳百川的胸怀，提升广大户籍居民的理性认识和思想觉悟。二是广泛开展社区层面的融合性活动。以基层社区为主阵地，以各类活动为载体，通过开展形式多样、针对性强的融合活动，增进社区内本地居民和“农二代”的理解与友谊。三是发掘“农二代”先进典型。在“农二代”较多的行业，树立一批典型和模范，彰显他们对城市发展的重要贡献，营造共建共享共荣的城市包容氛围。

（二）积极开展面向“农二代”的就业扶持工作

一是积极推进免费就业服务。吸引持有《居住证》的“农二代”在来沪人员就业服务中心接受免费职业介绍、职业指导，并提供用工登记备案和劳动纠纷调解等服务，探索窗口、网络、手机短信相结合的就业服务方式，使“农二代”就近、及时享有便利的就业服务等。二是加强义务教育后失学青少年的教育培训。高度重视义务教育后“失学、失业、失管”青少年群体，积极引导社会工作者介入，加强心理干预和人格养成，并以促进就业为核心，采用多种形式，设计适合的教育培训计划和职业课程，使其成为掌握一技之长的合格劳动力，尽快走上工作岗位。三是积极落实工资保障制度。严格执行最低工资制，确保来沪人员在最低工资标准上与本地城镇职工同等待遇。其中，建筑施工企业应为第二代外来务工人员办理信息卡，建立工资保证金制度。四是向“农二代”适当开放一些社会地位较高的职业（如政府部门、国企等），打通向上流动的渠道，不断增强其归属感，推动其深度融入上海社会。

（三）多途径提高“农二代”的社会参与度

进一步明确社区作为“农二代”服务与管理的主阵地作用，特别是依托集中居住中心、居委（村）综合活动室，有针对性地开展社会公德、法制宣传、市民素质教育等活动，积极引导和吸纳“农二代”

参加社区自治组织和各类学习型、服务型、文体型、公益志愿型等居民互助组织，使第二代外来务工人员逐步融入社区生活和社区管理。同时，重视培养、发展优秀“农二代”加入党、团组织，有关部门在民主推荐、协商、选举各级人大代表、政协委员时应考虑吸纳一定比例符合条件的优秀“农二代”，并在评选“劳动模范”、“新长征突击手”等荣誉时留一定比例。

（四）全面发挥共青团的引导和服务功能

进一步发挥共青团团结和帮助青年人的作用，提高对“农二代”的政策聚焦度，从文化提升、技能培训、心理咨询等各个方面开展工作，有效满足其多样化的需求，引导和服务“农二代”和谐融入上海。具体做法包括：整合社会资源，为民工子弟学校援建“阳光书屋”、开办暑期“爱心学校”；积极搭建青年文化引领平台，试点成立来沪青少年艺术团；开设包括上海话培训班在内的各类技能培训班，举办劳动技能竞赛；以“12355 上海青少年公共服务平台”、青少年维权岗、“阳光青少年心理热线”为载体，构建覆盖教育、心理、法律、就业等多方面的“农二代”维权体系。

报告五

"北上广"青年流动人口生活状态分析

到大都市去闯荡，是很多青年人的梦想。在高房价、高物价、交通拥堵等因素的影响下，近年来，许多青年流动人口离开北京、上海、广州等大城市到中小城市发展。这股逃离"北上广"的风潮及后续出现的重回"北上广"现象引发了媒体和大众的广泛关注。本文根据2011年国家人口计生委流动人口动态监测数据，对"北上广"35岁以下青年流动人口的生活状态进行初步分析①。

一、基本情况

（一）收入和学历总体上高于全国同龄流动人口平均水平

收入是决定人们生活状态和生活质量的重要因素之一，更是青年流动人口坚守或逃离"北上广"的重要影响因素。北京的青年流动人口月收入为3 280元，上海3 006元，都超出全国同龄流动人口2 513元的平均水平，广州略低，为2 470元。在本科及以上学历的人员中，"北上广"三市的青年流动人口月收入分别达5 652元、5 756元、6 569元，超过4 608元的全国平均水平。收入较高，应当是青年人坚守"北上广"的重要原因。

全国52.3%的青年流动人口表示收入较上一年有所增长，"北上广"三市该比例分别为47.9%、68.3%、47.5%，北京、广州低于全国平均水平。

从受教育情况来看，"北上广"三市接受过义务教育的青年流动人口比例都超过全国平均水平，北京尤为明显，高出全国水平近12个百分点。北京和上海拥有本科及以上学历的流动人口比例分别达到12.0%、8.7%，远高于3.9%的全国平均水平（见表1）。青年流动人

① 如无特殊说明，本文数据均来自国家人口计生委2011年流动人口动态监测调查数据。其中北京、上海、广州三地的样本量分别为2 535人、2 455人、1 370人。

口的收入水平高和学历层次较高有一定的关系，在“北上广”的青年流动人口学历越高，获得高收入的可能性越大。

表 1 “北上广”三地的青年流动人口受教育情况 单位：%

	北京	上海	广州	全国
初中学历及以上	49.3	38.6	39.5	37.6
本科及以上	12.0	8.7	2.5	3.9

（二）就业以制造业为主，在高薪行业、知识密集型行业就业的比例高于全国平均水平

在上海、广州的青年流动人口和全国的同龄流动人口一样，以从事制造业为主，约占四成左右，其次是批发零售、社会服务等行业。不过，北京情况有些不同，从事制造业的比重明显较低（仅 15.9%）。“北上广”三市青年流动人口从事金融地产、教科文卫体等高薪或知识技术密集型行业的比重明显高于全国平均水平，北京尤为明显，这与北京的青年流动人口学历层次较高及城市的功能区定位都有一定关系。以科研和技术服务行业为例，北京有 26.7% 本科及以上学历的青年流动人口从事科研和技术服务行业，上海为 19.2%，全国平均水平仅 14.3%。

（三）寻找工作的渠道多元化

从找到工作的渠道来看，“北上广”三市的青年流动人口除通过自己或家人、亲戚、朋友等外，利用互联网寻找工作的比例较高。特别是北京、上海的高学历人群，与同城的老一代流动人口或者全国同龄流动人口相比，更加倾向于利用互联网寻找工作。23.4% 的北京户籍青年人通过政府相关部门找到了工作，而同城的同龄流动人口该比例仅 1.1%。

（四）社会保障情况好于全国流动人口平均水平

以北京为例，青年流动人口参加养老、工伤、失业保险的比例都只有同城同龄户籍人口的一半左右，生育保险和住房公积金只有户籍人口的 1/3。尽管如此，北京的青年流动人口保障程度依然是全国同龄流动人口中最好的。上海情况也好于全国平均水平（见表 2）。在流动人口中，医保覆盖率最高，这也许在很大程度上得益于新农合的实施。在“北上广”三市分别有 60.9%、30.0%、54.3% 的农村户籍青年流动人口在户籍地参加了新农合。

表 2　"北上广"青年流动人口享有各类保障的情况　单位：%

	养老保险	医疗保险	工伤保险	失业保险	生育保险	住房公积金
北京	39.8	85.4	27.3	24.0	11.6	12.1
上海	56.9	75.6	38.1	14.8	9.3	8.7
广州	28.9	61.2	21.2	13.6	13.1	13.3
全国	29.0	79.2	18.6	12.9	9.9	6.3

（五）流动人口子女基础教育保障较好

"北上广"的青年流动人口中，有超过60%的人把孩子带在身边，与其他地方基本相同。从7~13岁随迁儿童入学的类型分布来看，在北京，有82.4%的随迁儿童进入公立学校就读，略高于79.5%的全国平均水平；在广州，55.7%就读公立学校，39.6%就读私立学校（见表3）。值得关注的是，"北上广"分别有3.5%、5.1%、5.3%的随迁儿童既未入学也未入托，都高于2.1%的全国平均水平，难以探究他们是否处于就学状态或者是否在接受其他类型的教育。

表 3　"北上广"青年流动人口子女入学类型分布　单位：%

	北京	上海	广州	全国
公立	82.4	78.1	55.7	79.5
私立	10.5	11.1	39.6	14.3
打工子弟	7.1	10.8	4.7	6.2

二、面临的主要困难和应关注的问题

（一）住房压力巨大

北京、上海的青年流动人口拥有自购房或自建房的比例分别为8.2%、11.3%，略高于全国平均水平。六成以上的青年人租房居住，极少有流动人口享有政府提供的廉租房。高房价成为青年流动人口在大都市扎根的最大阻力。与之相比，北京户籍青年人中有39.8%的人有房，仅5.4%的人租房。

（二）生活消费支出大

"北上广"三市的租房平均月支出分别为904元、655元、598元，均高出539元的全国平均水平，北京高出全国平均水平近70%。从食品支出看，“北上广”三市青年流动人口人均食品月支出分别为582元、526元、540元，远高于310元的全国平均水平，青年流动人口在大城市打拼，生活消费支出较大。

（三）随迁幼儿入托/园情况不乐观

从4~7岁随迁幼儿入托/园的类型分布来看，上海随迁幼儿进入公立幼儿园的比例达到55.1%，超过了29.1%的全国平均水平；在北京和广州分别有高达71.7%、82.1%的孩子进入私立幼儿园（见表4）。值得注意的是，在“北上广”三市分别有12.4%、17.6%、23.6%的随迁幼儿既没有入托/园，也没有入学，也就是说这些流动人口的孩子很有可能并未实现入托/园。

表4 “北上广”青年流动人口子女入托/园类型分布 单位：%

	北京	上海	广州	全国
公立	25.2	55.1	16.7	29.1
私立	71.7	35.2	82.1	67.6
打工子弟	3.1	9.7	1.2	3.4

（四）娱乐休闲状况有待改善，人际交往较少

“北上广”三市的青年流动人口和同城同龄本地人相比，休闲方式并无太大差别，都以看电视、上网、逛街为主。但也存在着一些不同，以北京为例，户籍人口读书看报比例达71.8%，闲暇时锻炼身体者超过半数，而流动人口读书看报者不到两成，参与体育锻炼者仅一成左右。流动人口有超过三成的人通过闲待、睡觉打发时间，北京户籍人口仅8.8%。不过，北京、上海流动人口的情况略好于全国平均水平。

北京、上海的青年流动人口中有6.3%、11.4%很少与人交往，高于4.7%的全国平均水平，而北京本地同龄人只有1.7%不与人交往。其中，上海情况较为特殊，青年流动人口很少与取得上海户籍的同乡及本地人交往，但是有将近60%的人经常与同乡来往。而北京的青年流动人口更愿意和本地人来往，显示出更高的开放性和融入愿望。

（五）生活感受难言幸福

在被问及自己在大都市生活“是否比在老家更幸福”时，北京、上海的青年流动人口感觉幸福的比例，分别为32.8%、35.8%，略高于31.2%的全国平均水平；广州只有28.4%的人感觉幸福。然而，在北京和广州明确表示自己不幸福的比例也高于全国平均水平。

青年流动人口融入大城市生活的愿望强烈。95%的人表示喜欢并关注自己居住的这个城市，在“北上广”三市分别有93.6%、91.6%、90.5%的人愿意融入这个城市，都超过了89.9%的全国平均水平。也有很大一部分人觉得本地人看不起他们，在上海的感觉最强烈，达51.9%，北京为41.1%，都高于30.6%的全国平均水平；广州情况较好，仅为29.7%。

三、结论和启示

在“北上广”工作、生活的青年流动人口在收入、学历、社会保障、心理效用等方面都显现出一些和全国同龄流动人口、流入地户籍人口不尽相同的特征，给我们做好青年流动人口服务管理工作带来一些启示。

（一）“北上广”等大城市有更多的就业机会，更加契合青年人追求发展和体面就业的愿望

政府应按照“政策引导、市场调节、个人决策”的原则，引导青年人应该根据自身条件和特长，做出理智的选择，选择适合自己生存和发展的城市工作和居住。

（二）鼓励在特大城市稳定居住和工作的青年流动人口定居落户

特大城市大都面临户籍人口的老龄化、劳动年龄人口严重不足的问题。青年流动人口对自己工作和居住的城市有着较深的感情和融入的渴望，政府应出台相关政策，鼓励这些青年人在城市里定居落户，为城市的发展做出贡献。

（三）将符合条件的流动人口纳入城市住房保障体系，满足青年人的住房需求

大城市房价高、房租贵，给青年人带来了巨大的生活压力，成为他们继续在大城市里工作生活的一大阻碍。政府应将符合条件的青年流动人口优先纳入城市住房保障体系，满足他们的住房需求，帮助他们尽快稳定下来。

（四）关注青年流动人口的婚育问题，保障其子女教育机会均等

引导各类学校（特别是幼儿园）向流动人口子女开放，让他们享有均等的教育机会，确保他们不会在各种政策的夹缝间失去受教育的

权利。同时，也要加强对青年流动人口进行正确的婚育观念引导。

（五）关心青年流动人口的健康状况和社会参与情况，促进流动人口社会融合

青年流动人口在大城市中人际交往较少，容易忽视身心健康问题，忽视对知识技能的学习。因此，政府应该更加关注青年人的身体和心理健康，充分发挥街道社区的基层组织作用，引导青年人更多地参与各类社会活动，更快融入他们所工作和居住的城市。

四、流动人口计划生育专题

Part Four. Family Planning of Migrant Population

报告一

传统、冲击与嬗变：新生代农民工婚育行为分析

近年来农民工群体出现代际分化，新生代农民工开始成为主体。2011年国家人口计生委流动人口动态监测数据显示，1980年以后出生的农民工已占劳动年龄农民工的44.84%。深入研究农村外出劳动力婚恋以及生育行为的代际转变，对于了解现阶段乃至今后一段时间内农村流动青年的婚恋需求和行为、提高生殖健康和计划生育服务水平、促进婚姻家庭稳定等都有重要的现实意义。本研究主要利用2011年国家人口计生委流动人口动态监测数据，通过比较新生代①和老一代农民工择偶、结婚、生育等行为的差异，以探索新生代农民工婚恋行为的新特征。

一、新生代农民工婚育行为的“新”特征

（一）“先流动，后结婚”，多在流动中完成婚恋大事

老一代农民工往往“先成家、后立业”，在完成婚姻大事后外出务工；与父辈不同，“先流动，后婚恋”成为新生代农民工的典型人生经历。与老一代农民工相比，新生代农民工外出务工时间更为提前，数据显示，50%的新生代农民工在20岁以前（包括20岁）开始流动，而一半的老一代农民工是在26岁后才外出流动。一部分新生代农民工在接受完义务教育后（甚至没有完成义务教育）直接外出务工；还有一部分新生代农民工出生在城市，或从孩提时代就随父母外出流动，甚至都没有农村生活经历。新生代农民工在外出流动中完成婚恋大事的现象非常普遍。在已婚新生代农民工中，超过一半（53.68%）结婚时间晚于外出务工的时间，约为老一代农民工的两倍（27.52%）。

① 本文把1980年及以后出生的流动人口定义为新生代农民工，把1979年及以前出生的流动人口定义为老一代农民工。

图 1 显示，初婚时间晚于初次外出务工时间的比例随着农民工年龄的下降而上升，1986 年以后出生（25 周岁以下）的已婚新生代农民工中先外出务工后结婚的比例一直稳定在 60% 以上。

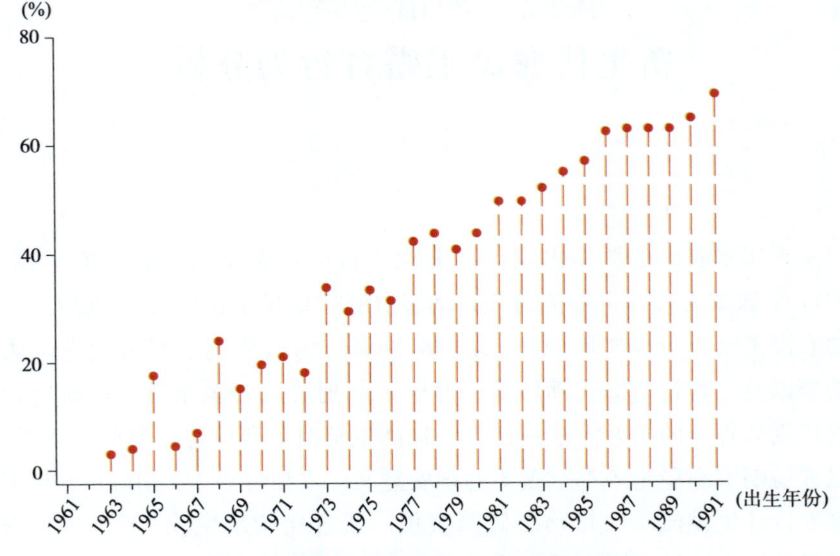

图 1　分出生年份农民工外出后结婚比例

（二）青年农民工初婚年龄出现往后推移趋势

随着现代社会中教育、生活和工作方式的改变，以及婚姻、生育观念的转变，城市中越来越多的年轻人选择晚婚，青年农民工的初婚年龄安排也体现出这种代际趋势。队列分析结果表明，34 周岁以下农民工与 35～49 周岁的农民工相比，在 20～24 周岁的每个周岁年龄点上已婚比例都有明显下降，30 周岁以下农民工的下降趋势更为明显（见图 2）。可见，随着时代的演进，越来越多的农民工倾向于选择推迟婚龄。

（三）跨省婚姻比例不断提高，地域通婚圈逐步扩展

与在流动中结婚的行为相应，新生代农民工跨省婚姻的比例要显著地高于老一代农民工。本次调查发现，新生代农民工中跨省婚姻（夫妇双方户籍地属于不同省份）的比例达到 9.73%，老一代农民工中跨省婚姻的比例仅为 4.08%②。1986 年以后出生（25 周岁及以下）

② 本文依据调查时点上夫妇双方的户籍所在地来区分跨省婚姻，有可能忽略夫妻双方因婚姻迁移或在婚后因其他原因而迁移户籍的情况，因此，本文可能低估流动人口跨省婚姻的比例。

已婚人群中，跨省婚姻的比例均超过10%（见图3）。

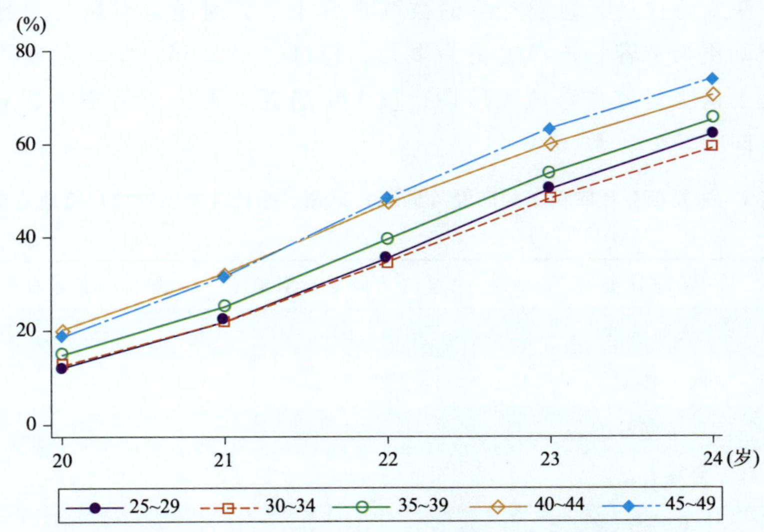

图2　分出生队列分年龄的农民工已婚比例

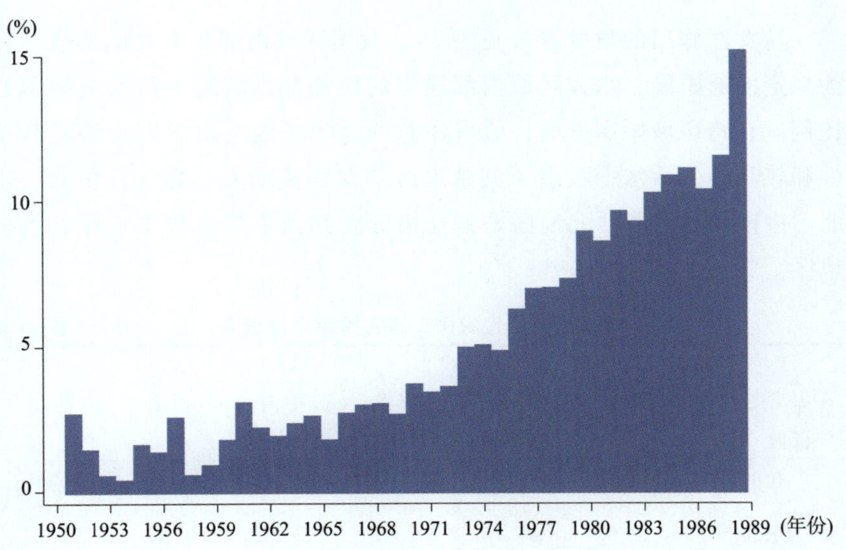

图3　分出生年份的农民工跨省婚姻比例

新生代农民工中有42.69%未婚，在未婚但有恋爱（含同居）对象的被调查者中，未来通婚圈的扩大趋势更加明显：对方是流入地本地的比例为13.07%，双方来自同一县市的比例为37.66%，双方来自同省但不同县市的比例为26.54%，双方来自不同省份的比例达到

22.73%（见表1）。

在未婚且没有恋爱对象的被调查者中，其对婚恋对象户籍地的要求则更为宽容，选择也更为多元。超过一半（54.1%）的新生代农民工认为对方户籍地无所谓，仅1/4的青年农民工希望婚恋对象来自同省。

表1 未婚新生代农民工的恋爱（同居）对象、想找的恋爱对象户籍地分布

单位：%

户籍地分布	恋爱（含同居）对象	想找的恋爱对象
流入地本地	13.07	15.06
同一县市	37.66	19.41
同省不同县市	26.54	5.96
其他省份	22.73	5.47
无所谓	——	54.10

注："同省不同县市"中不含流入地本地所在县市，"其他省份"中不含流入地本地所在省。

从女性嫁出的角度看（见表2），我国区域内部省市之间形成了较为稳定的通婚圈，六大区域内部通婚的比例都显著高于跨区域婚姻的比例。在跨区域婚姻方面，值得注意的是华东地区由于发达的经济条件和较高的生活水平吸引了其余地区的女性流动人口嫁入，华北、东北、中南、西南和西北地区婚姻迁出的女性当中均有约1/4嫁入华东地区。

表2 新生代农民工跨省婚姻区域分布

单位：%

男性户籍地＼女性户籍地	华北	东北	华东	中南	西南	西北
华北	30.48	21.47	5.62	2.99	1.52	12.37
东北	17.62	44.17	7.83	2.27	1.52	2.58
华东	30.48	20.25	45.58	29.87	24.73	24.23
中南	10	5.52	27.51	43.49	26.25	13.92
西南	3.33	6.13	8.63	16.73	39.26	15.98
西北	8.1	1.84	4.62	4.54	6.51	30.93

（四）传统男大女小的婚姻年龄模式有所淡化，“姐弟恋”比例增多

从年龄上来讲，中国传统婚姻一般遵循“男大女小”的婚姻模式，即男性往往选择比自己年龄略小一些的女性。虽然“男大女小”仍然是新生代农民工婚龄匹配主流模式，但与老一代农民工相比，新生代农民工“女大男小”的婚龄模式有所增加（见图 4）。已婚新生代农民工中，“女大男小”的比例为 19%，比老一代农民工高出 3 个百分点。

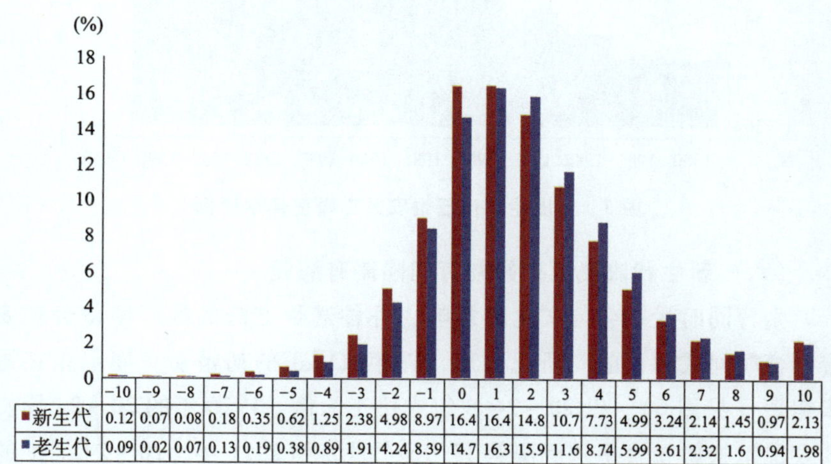

	−10	−9	−8	−7	−6	−5	−4	−3	−2	−1	0	1	2	3	4	5	6	7	8	9	10
■新生代	0.12	0.07	0.08	0.18	0.35	0.62	1.25	2.38	4.98	8.97	16.4	16.4	14.8	10.7	7.73	4.99	3.24	2.14	1.45	0.97	2.13
■老生代	0.09	0.02	0.07	0.13	0.19	0.38	0.89	1.91	4.24	8.39	14.7	16.3	15.9	11.6	8.74	5.99	3.61	2.32	1.6	0.94	1.98

图 4　新生代和老一代农民工婚姻中男性年龄与女性年龄差距（男 − 女）

（五）青年农民工婚前同居、婚前怀孕现象较为普遍

新生代农民工由于远离家乡的文化与社会场域，家乡社区中道德与舆论的约束减弱，同时在城市务工的过程中接触更为现代的思想观念，对于恋爱、婚姻与性行为的态度逐渐发生变化。

监测数据显示，在已婚且有子女的新生代农民工中，第一胎为婚前怀孕③的比例占 42.7%，比老一代农民工高 16 个百分点。新生代农民工“未婚先孕”的比例随着年龄的降低而呈现出上升的趋势，22 岁的新生代农民工婚前怀孕比例竟达到 47.71%（见图 5）。如果这个现象得不到重视并加以有效引导和干预的话，将会成为一个严重的社会问题。

---

③ “未婚先孕”包括两种情况：第一种为被访者的初婚年月晚于第一个子女的出生年月（婚前生育），第二种为虽然初婚年月早于第一个子女的出生年月，但是二者时间差距不超过 9 个月（奉子成婚）。

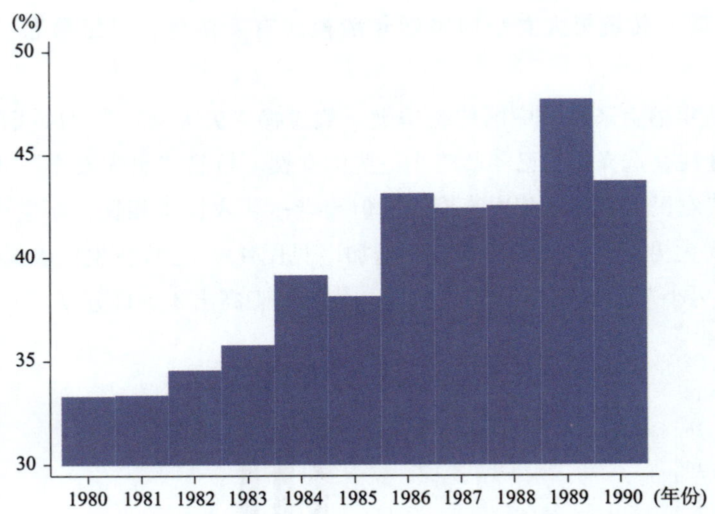

图 5 分出生年份已婚农民工婚前怀孕比例

（六）新生代农民工初婚初育间隔略有缩短

生育同时受社会与文化的影响，各种避孕方法的推广使得合理安排生育时间成为可能。研究发现，青年农民工的初婚初育间隔正在逐步缩短（见图 6）。以 20～24 岁组农民工为例，1976 年的 20～24 周岁的农民工初婚初育平均间隔为 17.76 个月，到 2011 年，20～24 周岁的农民工初婚初育平均间隔缩短为 10.62 个月。

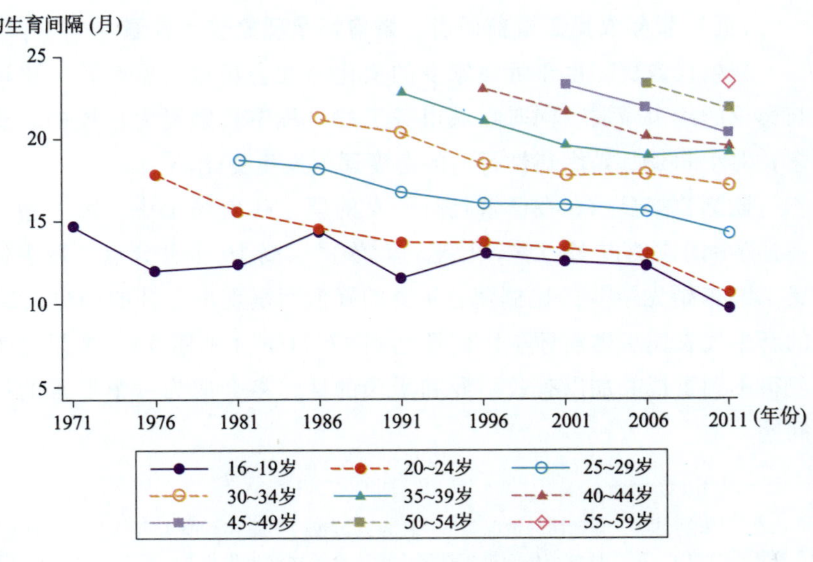

图 6 分时点分年龄段的平均婚育间隔

新生代农民工初婚初育间隔之所以有所缩短，与新生代农民工婚前怀孕比例较高不无联系。值得一提的是，2004 年我国各地方的人口与计划生育条例普遍取消了一孩行政审批制度。在条例修订以前，夫妻双方即使要生育第一个子女，只有行政审批通过后方可生育，但 2004 年后，只要依法登记结婚的夫妻，可以根据家庭的生产、生活需要自主安排生育第一个子女的时间。

二、新生代农民工婚恋凸显的新问题

（一）加剧经济欠发达地区的适婚人口性别结构失衡

20 世纪 80 年代以来，我国的出生人口性别比在持续增长后保持高位运行已经多年，性别失衡所带来的潜在社会问题开始逐步显现，其中最直接的影响就是婚姻市场中的男性择偶困难。而随着人口流动范围的日益扩展，新生代农民工跨省婚姻的比例逐渐增加，经济发达地区吸引着经济欠发达地区的女性嫁入，在客观上会加剧经济欠发达地区的适婚人口性别比失衡，婚姻挤压状况进一步恶化。

（二）婚前性行为增多带来巨大的生殖健康风险

由于生殖健康意识的缺乏，婚前性行为给新生代农民工、尤其是青年女性带来了巨大的生殖健康风险。避孕措施的缺乏或者使用不当使得婚前怀孕在新生代农民工中的比例逐渐攀升，怀孕后的两种选择——流产或生育，对新生代农民工都会带来负面的影响，流产尤其是频繁流产会对女方造成巨大的生理与心理伤害，而选择生育带来的是仓促的婚姻和过早地背负抚养子女的重任，很有可能造成新的家庭矛盾与问题。

（三）婚前孕育难以受到法律保障，也难以享受相关服务

本次调查发现，流动人口婚前生育的问题较为严重，数据显示，已婚已育的老一代农民工中第一个子女属于婚前生育的比例为 5.3%，而新生代这一比例为 7.26%[④]。婚前怀孕和婚前生育对妇女、儿童生存发展权益的损害是非常显著的。因为缺乏婚姻法律保障，女性往往在婚前怀孕和婚前生育中承担着巨大的精神压力和经济压力，并且难以享受政策范围内的计划生育/生殖健康服务。

---

④ 本次调查仅询问了已婚人口的初婚初育情况，并没有询问未婚人口的怀孕、生育状况，所以本文用“婚前怀孕”以及“婚前生育”而非“未婚先孕”或“未婚先育”。考虑到部分未婚人口可能已经有孕育经历，因此，流动人口中“未婚先孕”甚至“未婚先育”的比例会更高。

三、推陈出新：公共管理视角下的建议与讨论

新生代农民工在婚姻和生育行为上呈现出与老一代流动人口明显的差异，反映出一代人的婚育观念转变和一个时代的社会经济变迁。因此，相应的公共管理和服务一方面应“推陈”，修改已有相关政策，满足流动人口婚姻生育新需求；另一方面应“出新”，弥补管理服务空白领域。对此，本文提出如下建议：

（一）完善婚姻登记条例，允许流动人口在流入地登记结婚

我国现行的《婚姻登记条例》规定：内地居民结婚，男女双方应当共同到一方当事人常住户口所在地的婚姻登记机关办理结婚登记。但是对于农民工来说，由于常年在外务工，这一制度在客观上给其登记结婚造成了一定的不便。出于经济上和时间上的考虑，新生代农民工有相当部分选择先同居、生育，之后等到合适的时间再回乡登记结婚。

民政部门要充分考虑人口流动给婚姻登记工作带来的新问题，为流动人口的婚姻登记提供便利服务，尝试建立全国统一联网的婚姻登记系统，允许流动人口在流入地登记结婚，而相关的登记资料在全国系统范围内共享。这样就可以在很大程度上为流动人口节约婚姻登记的时间和经济成本，有利于规范婚姻登记制度，从一定程度上减少青年农民工未婚同居、先孕后婚和先育后婚的现象。

（二）建立多角度、全方位的宣传教育体系，扩大计划生育/生殖健康服务范围

行为与认知之间存在着密切的联系，要减少青年农民工中的婚前性行为，必须建立多角度、全方位的宣传教育体系，让他们认识到婚前性行为的风险与危害。首先，要在教育阶段，尤其是农村地区的义务教育阶段，丰富生殖健康教育的内容，使青少年掌握基本的避孕知识和能力；其次，流入地相关管理部门要通过多种途径宣传避孕知识，提高他们的自我保护和自我保健能力，并为未婚新生代农民工提供生殖健康特别是避孕药具服务。

（三）关注婚前孕育的女性流动人口及子女生存发展、权益保护问题

婚前怀孕、生育的女性流动人口及其子女往往要承受更多的社会歧视和心理压力，给予这部分群体关爱并保护他们的权益十分重要。他们的生殖健康服务、心理咨询、子女落户和入学等诸多问题，还需要多部门共同参与、协作解决。

报告二

流动人口计划生育服务管理状况研究

本报告以2011年全国流动人口动态监测调查数据为基础，结合2012年春节期间在河北、吉林、安徽、江西、河南、湖南、重庆、四川、贵州、甘肃等10个省（市）开展的流动人口对流入地计划生育服务管理满意度电话调查数据，对全国流动人口婚育、避孕情况和计划生育服务管理状况进行分析，并提出相关的政策建议。

一、流动人口婚姻生育状况

我国流动人口规模庞大，2011年达到2.3亿，占全国总人口的17%。流动人口中18～49岁成年育龄妇女达8 300万人。流动人口计划生育服务管理任务艰巨。

（一）婚姻、生育与出生政策符合率

1. 婚姻状况。

调查的62 695名16～59岁流动妇女中，未婚的占20.7%，已婚的占78.0%，离婚、丧偶的分别占1.0%、0.3%。16～19岁的流动育龄妇女有3.3%处于已婚状态，30岁及以后的流动育龄妇女处于未婚状态的仅为1.5%。

2. 初婚、初育年龄。

流动妇女2000～2010年平均初婚年龄呈稳步上升趋势，10年间提高了1.3岁；同期流动妇女的初育年龄也呈现上升趋势，育龄妇女初婚初育间隔基本稳定在14～18个月之间（见表1）。

3. 生育水平。

调查的48 834名已婚育龄妇女中，生育1个子女的占56.0%，生育2个子女的占33.4%，生育3个及以上子女的占4.5%，未生育的占6.1%。35～49岁已婚育龄妇女共20 487人，生育了33 856个子女，平均生育1.65个子女，可视为这些妇女的终身生育水平。

表 1　2000～2010 年流动妇女平均初婚、初育年龄　　单位：岁

年份	平均初婚年龄	平均初育年龄
2000	22.7	24.0
2001	22.9	24.1
2002	22.9	24.0
2003	23.0	24.2
2004	23.0	24.3
2005	23.3	24.4
2006	23.6	24.4
2007	23.6	24.6
2008	23.6	24.6
2009	23.9	24.3
2010	24.0	25.2

4. 出生人口政策符合率。

2006～2010 年出生人口政策符合率在 80.7%～84.1%之间，平均为 82.5%。从分孩次的情况看，第一孩次的政策符合率为 94.2%，第二孩次为 64.0%，第三孩次及以上仅为 16.0%。

流动人口平均初婚、初育年龄不断提高，流动人口的生育水平与全国的平均生育水平相近，出生政策符合率也与近年监测的全国平均水平基本持平。

（二）流动与生育

1. 子女出生地。

14 岁及以下的流动人口在现居住地出生的占 23.3%，在户籍地出生的占 73.7%，在其他地方出生的占 3.0%。分年龄看，近年来流动人口子女在现居住地出生的比例呈快速上升的态势，10～14 岁的子女在现居住地出生的比例为 9.4%，5～9 岁的比例为 17.8%，而 0～4 岁的比例达到 36.5%。

2. 出生地与政策符合率。

2006～2010 年，出生在户籍地的流动人口子女有 13 180 人，占 63.6%，政策符合率为 83.9%；出生在户籍地以外的有 7 552 人，占 36.4%，政策符合率为 80.1%。

出生在户籍地的流动人口子女中，第一孩次的占 69.7%，政策符

合率94.4%；第二孩次的占27.9%，政策符合率63.8%；第三孩次及以上的占2.4%，政策符合率13.0%。

出生在户籍地以外的流动人口子女中，第一孩次的占59.8%，政策符合率93.6%；第二孩次的占36.4%，政策符合率64.2%；第三孩次及以上的占3.8%，政策符合率19.3%。

农业户籍的流动人口在户籍地生育子女的比例高于非农业户籍的流动人口，二者分别是75.1%和62.8%。从孩次比较来看，第一孩次在户籍地出生的比例较高，为76.4%，第二孩次与第三孩次及以上在户籍地出生的比例分别是68.2%和67.4%。

流动人口在户籍地以外的出生人口政策符合率与全国平均水平仍有差距，特别是流入人口在现居住地的出生政策符合率低于户籍地（二者分别为80.1%和83.9%），需要进一步加强现居住地与户籍地之间的沟通协调，做好计划生育服务管理工作，减少非意愿生育，提高流动人口的出生政策符合率。

（三）分娩地点

流动妇女生育（4岁及以下子女，大致出生于2006~2011年）有93.4%是在医院分娩的，高于2006年全国人口和计划生育调查的全国平均水平①。

从年度数据来看，流动妇女的住院分娩率呈现稳步上升趋势。农业户籍流动妇女的住院分娩率在五年间提高了5个百分点，非农业户籍流动妇女的住院分娩率提高了3个百分点，近年已经与全国住院分娩率非常接近②（见表2）。

4岁及以下流动人口子女中，第一孩次在医院出生的比例为94.5%，第二孩次在医院出生的比例为92.1%，第三孩次及以上的比例仅为82.7%（见表3）。流动妇女住院分娩率与生育子女的孩次呈现负相关关系。

① 根据《2006年全国人口和计划生育调查数据集》，妇女住院分娩率为77.9%（包括在县级及以上医院、县级及以上妇幼保健院、县级计划生育服务站、乡镇医院、乡镇计划生育服务站），在家分娩比例为19.0%，在其他地方分娩比例为3.1%。

② 根据《2011年中国卫生统计年鉴》：2010年全国住院分娩率97.8%，其中市99.2%，县96.7%。

表 2 2006～2011 年分户籍流动妇女的住院分娩率 单位：%

年份	总计	农业户籍	非农业户籍
2006	90.3	89.7	94.9
2007	91.8	91.3	95.3
2008	92.9	92.6	95.3
2009	93.6	93.3	96.0
2010	95.2	94.7	97.9
总计	93.2	92.7	96.3

表 3 流动妇女住院分娩率（4 岁及以下子女） 单位：%

孩次	总计	农业户籍	非农业户籍
第一孩	94.5	94.4	97.0
第二孩	92.1	91.7	94.3
第三孩及以上	82.7	80.7	91.2
总计	93.4	93.1	96.4

（四）避孕

被调查已婚有偶育龄妇女的避孕率为 93.2%。已婚有偶育龄妇女使用的避孕方法中，宫内节育器占 47.6%，女性绝育占 24.7%，避孕套占 22.9%，男性绝育占 1.9%，口服及注射避孕药占 1.7%，皮下埋植占 0.2%，外用避孕药占 0.2%，其他避孕方法（包括安全期避孕及体外射精）占 0.9%。与全国已婚有偶育龄妇女的避孕方法构成相比，使用宫内节育器的比例低 6 个百分点，使用避孕套的比例高出 13.11 个百分点（见表 4）。

表 4 流动已婚有偶育龄妇女与全国已婚有偶育龄妇女的避孕构成比较

单位：%

避孕方法构成	2011 年流动人口动态监测调查	2011 年国家人口计生委报表
男性绝育	1.87	4.92
女性绝育	24.73	30.02
宫内节育器	47.56	53.68
皮下埋植	0.23	0.28
口服药及注射避孕药	1.67	0.90

续表

避孕方法构成	2011 年流动人口动态监测调查	2011 年国家人口计生委报表
避孕套	22.86	9.75
外用避孕药	0.21	0.17
其他	0.87	0.27
总计	100	100

流动已婚有偶育龄妇女的长效避孕措施比例较低，短效避孕措施比例较高，增加了计划生育服务管理难度。

二、流动人口计划生育服务管理情况

（一）户籍地计划生育服务管理

1. 办理流动人口《婚育证明》。

在现居住地调查中，从山东、广东、湖南、湖北、吉林、陕西、江苏、广西、安徽等省（区）流出的已婚有偶育龄妇女持《婚育证明》比例较高。

2. 领取独生子女证及独生子女保健费/父母奖励费。

现有一个孩子的流动人口中，领取独生子女证的占 27.0%。已领取独生子女证且子女为 14 周岁以下的流动人口中，未领取独生子女保健费/父母奖励费的占 38.3%。

（二）现居住地计划生育服务管理

1. 查验流动人口《婚育证明》。

已婚育龄流动妇女最近一年接受查验《流动人口婚育证明》的比例为 83.0%，其中农业户籍已婚育龄流动妇女接受查验的比例为 83.5%，而非农业户籍的为 79.8%。

2. 通报避孕节育情况。

57.2% 的已婚育龄流动妇女由现居住地政府向户籍地通报避孕节育情况，42.8% 自己邮寄报告单。对于省内流动的妇女，现居住地政府进行通报的比例为 68.5%，跨省流动的该项比例为 51.7%。

3. 孕情、环情检查服务。

调查前一年内，已婚有偶育龄妇女在现居住地接受过孕情、环情检查服务的比例为 73.0%。在接受过孕情、环情检查服务的妇女中，全部免费的占94.4%。

4. 手术服务。

调查前一年内，已婚有偶育龄妇女在现居住地接受过长效措施手术服务的为15.0%，其中全部免费的占67.8%。

5. 避孕药具服务。

调查前一年内，使用避孕套和避孕药的已婚有偶育龄妇女在现居住地计生机构接受过避孕药具服务的比例为83.4%，其中全部免费的占98.2%。

与短效避孕措施服务形成鲜明对比的是，长效避孕措施服务主要在户籍地获得。使用长效避孕措施的流动已婚育龄妇女大部分在户籍地获得避孕措施，占78.3%，在现居住地计生机构获得该服务的比例为13.3%，在现居住地卫生机构获得该服务的比例为8.4%。

6. 宣传、咨询服务。

已婚有偶育龄妇女被告知现居住地计划生育服务机构地址、电话的比例为78.3%；84.5%的流动已婚育龄妇女在现居住地收到过计划生育宣传品或接受过相关的咨询服务。

（三）对现住地计划生育服务工作满意度

流动人口对现居住地计划生育服务基本上是肯定的。在全体受访者中，63.8%的流动人口对现居住地的计划生育服务表示“满意”，27%认为“一般”，0.6%明确表示“不满意”，还有8.6%“说不清”。部分流动人口表示在现居住地获知计划生育服务信息不足，接受计划生育/生殖健康方面的宣传、咨询服务有限。因此，针对流动人口的计划生育服务内容有待扩展，服务能力有待进一步提高。

三、社区流动人口状况与服务管理

2011年流动人口动态监测调查（社区问卷）涉及5 850个社区，其中包括4 026个居委会和1 824个村委会。从社区样本的经济区分布来看，珠江三角洲经济区488个，长江三角洲经济区775个，环渤海经济区953个，其他地区3 634个。

（一）社区流动人口状况

本次调查的社区户籍人口有2 559万人，其中已婚育龄妇女为574万人；流入人口2 225万人，其中已婚育龄妇女527万人；社区流出人口约 51 万人，其中已婚育龄妇女 5.8 万人。流入人口生育子女的政策符合率比流入地户籍人口低 5.3 个百分点。28.1% 的社区流入人口数量超过户籍人口。

（二）社区计划生育服务

本次调查发现，74.5% 的社区能够为流动人口提供定期随访服务，东部地区该比例为 75.7%，其中珠江三角洲经济区该比例达 82.8%；71.8% 的调查社区设置有避孕套自取箱，东部地区该比例为 76.0%，覆盖东部地区调查社区流动人口的 91.8%，其中珠江三角洲经济区有 94.7% 的调查社区设置有避孕套自取箱，覆盖广东省调查社区流动人口的 96.9%。

由此可见，在经济较发达的东部地区依托社区开展计划生育服务较为普遍，特别是流入人口最集中的珠江三角洲经济区，更为注重在社区层面开展流动人口计划生育服务。另外，流动人口相对集中的社区服务半径相对较小，开展定期随访服务、设置避孕套自取箱等服务更为方便快捷。

（三）社区计划生育管理

77.7% 的调查社区定期组织孕情环情检查，覆盖调查社区 82.3% 的流动人口。从分区域的情况来看，77.2% 的东部地区调查社区定期组织孕情环情检查，覆盖调查社区人口的 82.2%，东部地区社区定期孕情环情检查覆盖流动人口占全部孕情环情覆盖流动人口的 71.7%；89.6% 的中部地区调查社区定期组织孕情环情检查，覆盖调查社区人口的 93.4%，而中部地区社区定期孕情环情检查覆盖流动人口仅占全部孕情环情覆盖流动人口的 9.0%。从分经济区的情况来看，93.6% 的珠江三角洲经济区调查社区定期组织开展孕情环情检查，覆盖调查社区人口的 92.1%，珠江三角洲经济区覆盖流动人口占全部定期孕情环情检查覆盖流动人口的 47.2%。

本次调查发现，88.9% 的社区对流入人口实行全员登记并将信息上报，覆盖调查社区流动人口的 90.0%；90.0% 的调查社区完全建立了流动人口信息登记簿，覆盖调查社区流入人口的 90.2%；90.1% 的调查社区完整建立了流入人口计划生育信息采集卡，覆盖调查社区流入人口的 88.2%。从分区域的情况来看，东部地区全员流动人口统计和信息化应用覆盖的社区人口规模最大，中部地区的比例最高，有力推动全国初步实现了流动人口信息的动态管理。

（四）社区计划生育服务人员配备

本次调查社区中97.4%有1名以上计划生育专干，2.6%没有计划生育专干；调查社区每千名流入人口配备0.54名计划生育专干，从分地区的情况来看，东部地区调查社区每千名流入人口配备0.38名计划生育专干，中部、西部、东北地区分别为1.11名、0.81名、1.86名。东部地区的珠江三角洲经济区、长江三角洲经济区、环渤海经济区调查社区的每千名流入人口分别配备0.28名、0.27名、0.91名计划生育专干。75.2%的调查社区配备有流动人口协管员，24.8%没有。调查社区有流动人口协管员比例最高的是珠江三角洲经济区，为91.2%，长江三角洲经济区紧随其后，为91.1%。

社区要完成查验证、短效药具提供、孕环情检查、随访服务等方面工作，必须加强对流动人口的信息采集，建立完善覆盖全员、动态更新、高效应用的流动人口服务管理信息系统。然而，地区之间流动人口计划生育信息的及时交互、异地查询、跟踪管理仍然有待提高。部分社区没有相应的计划生育专干和流动人口协管员，基层计划生育人员流动性大，队伍的稳定性有待增强。

报告三

流动人口计划生育
基本公共服务均等化实践与探索

自2010年国家人口计生委、中央综治办、财政部、人力资源社会保障部四部委在全国49个城市[①]启动流动人口计划生育基本公共服务均等化试点工作以来，各地大胆实践，积极探索，推动流动人口服务管理体制机制创新，试点工作取得积极成效。

一、加强研究，做好顶层设计

国家人口计生委组织相关专家，成立流动人口基本公共服务均等化课题研究组，在深入调查研究的基础上，明确了流动人口基本公共服务均等化的基本内涵、主要内容和目标要求。四部委成立试点工作协调小组，制定出台《关于创新流动人口服务管理体制推进流动人口计划生育基本公共服务均等化试点工作的指导意见》，联合召开试点工作启动会、经验交流视频会，加强工作部署，大力推进试点工作。争取中央财政资金，投入2 000万元用于奖励试点城市，引导激励各地加快经费保障机制建设。

二、大胆实践，积极推动试点

各地党政领导高度重视，按照中央精神和试点工作要求，以落实计划生育免费服务为切入点，大力推进流动人口基本公共服务均等化。一是加强领导统筹。试点城市把试点工作纳入当地经济社会发展总体

① 北京市丰台区、天津市滨海新区、石家庄市、太原市、鄂尔多斯市、大连市、沈阳市、长春市、吉林市、哈尔滨市、齐齐哈尔市、上海市闵行区、上海市杨浦区、上海市松江区、上海市宝山区、南京市、苏州市、无锡市、宁波市、杭州市、嘉兴市、绍兴市、合肥市、铜陵市、厦门市、泉州市、新余市、青岛市、济南市、郑州市、安阳市、武汉市、长沙市、惠州市、中山市、南宁市、桂林市、三亚市、重庆市渝北区、成都市、贵阳市、玉溪市、拉萨市、西安市、咸阳市、兰州市、西宁市、银川市、克拉玛依市。

规划和民生建设，成立由党委政府牵头、部门共同参与的工作领导小组，明确部门职责，建立联席会议制度、信息通报制度，完善阵地和机构网络，切实加大统筹协调力度。二是强化经费保障。试点城市普遍按照户籍人口同等标准，将流动人口计划生育基本公共服务经费纳入财政预算予以保障。49 个城市用于流动人口计划生育服务管理经费超过 10 亿元，其中一半以上试点城市获得了省级财政配套资金补助。三是创新服务管理。针对流动人口工作居住模式多种多样的特点，各试点城市注重加强与集贸市场、房屋中介机构、社区等的合作，采取分类管理的方法，解决管理难题。大多数城市结合实际制作“爱心卡”、“明白卡”、“便民卡”等，广泛开展流动人口关怀关爱、农民工送温暖系列活动，为流动人口获取服务提供便利。四是完善信息平台。部分城市在社区建立统一的全员流动人口信息采集、更新和动态管理制度，配备信息化设备及专门操作人员，完善城市流动人口综合服务管理平台，保证流动人口信息完整性。

三、服务均等，扩大基本公共服务覆盖面

各地将流动人口纳入同宣传、同服务、同管理的范畴，为流动人口免费提供国家规定的计划生育基本服务项目，逐步扩大计划生育优先优惠奖励优待范围，对困难流动人口计划生育家庭提供特殊关怀照顾服务。据调查，流动人口各项免费计划生育技术服务落实率达85%，流动已婚育龄妇女在现居住地接受免费孕情环情检查率达94.4%，流动人口免费药具获得率达98.2%。同时，各地紧紧围绕改善民生过程中的突出问题，不断建立完善教育、卫生、社保、住房等公共服务体系，努力使流动人口享有社保、就业、就学、卫生、居住等方面基本公共服务，推动流动人口市民化进程。

四、典型案例

1. 杭州市。

杭州市切实加大财政投入，通过组织婚育新风艺术演出，开展青春健康知识和生殖健康知识讲座、孕前优生咨询服务、孕前优生监测、提供免费技术服务、解决维权诉求等措施，全面实现了宣传教育、技术服务、优生优育、生殖保健、避孕药具发放、关爱救助和便民维权

等流动人口计划生育“七个均等化”。试点工作开展以来，全市各级财政共投入经费1.17亿元，建立181个流动人口服务点，形成“15分钟”的计生服务圈，为200余名流动人口孕产妇提供了每人700元的分娩救助金，为5 000余名流动人口独生子女家庭提供意外伤害保险；投入600多万元成立“生育关怀”基金，帮扶救助流动人口困难家庭。

2. 泉州市。

泉州市努力推进流动人口与户籍人口“政治同地位、生育同关心、教育同待遇、生活同关怀、医疗同保障、居住同看待、权益同维护、社保同对待、就业同条件和文化同融合”的“十同”战略，初步建立惠及流动人口的公共服务体系，构建了同城同待遇格局。全市共有336名外来务工人员被选为人大代表、政协委员或荣获全国劳模、全国“五一”劳动奖章和创业精英等荣誉称号；在全国率先开展职工医疗互助活动，外来务工人员年缴36元，就可在当年享受最高达2万元的互助金，共有182万多人次参加，2.4万多人次获得补助；分别为来泉务工5年以上、2年以上的流动人口开放经济适用房和限价房，向未享受政策性住房、有稳定职业且居住1年以上的流动人口开放公赁房；为新泉州人提供人身意外保险，对因病因灾的流动人口计生户实行紧急救助；倡导发起并与全国90个城市建立农民工双向维权的就业维权联盟，把流动人口纳入养老、工伤、医疗、生育和失业保险范围，免费提供就业和技能培训，组织开展多种形式的文化活动。

3. 青岛市。

青岛市积极完善服务管理体制，落实综合治理，加强信息化建设，扎实推进流动人口均等化服务试点工作。完成53个社区（街道）示范点、18个驻街单位流动人口服务中心示范点、48个国家级标准的社区服务站和294个村居流动人口管理站建设；市政府将32个部门流动人口计划生育工作职责纳入政府目标管理责任制，与公安、人力资源社会保障、卫生、教育等19个部门签订了计划生育责任书，落实部门工作责任；成立市人口计生信息中心，在市内所有社区推广人口计生电子地理信息系统和人口计生3G移动智能平台，启动全员流动人口信息部门综合采集工作试点，健全实时采集、动态监测、综合分析的全员流动人口统计监测体系；出台实行计划生育的流入夫妻及其未成年子女可参加城镇居民基本医疗保险等政策，开展居住证“一证通”试点工作，促进流动人口更好融入当地社会。

4. 中山市。

中山市以计划生育均等化服务为抓手，每年增加市级投入 1 740 多万元，不断完善信息系统和服务网络体系建设，及时落实惠民政策。一是针对流动人口交通、生产等安全意识相对薄弱的实际情况，推出“季度保险”。为符合条件的提供保费为 5 元、保险有效期为 90 天、保额最高达 30 万元的“季度保险”，包括“意外伤害身故、残疾及烧烫伤”、“意外伤害医疗”、“乘坐交通工具意外身故、残疾”等项目。二是实行免费孕前优生健康筛查。参加社会保险和办理居住证一年以上，实行计划生育的流动人口育龄夫妇，可以免费享受孕前优生健康筛查。三是积极推进免费药具服务全覆盖。新增避孕套免费发放箱，安放在社区、工厂企业、市场、流动人口出租屋等地方，为流动人口提供便利。同时，通过推行流动人口积分制和居住证制度，加快流动人口市民化进程。

5. 桂林市。

桂林市以流动人口诚信计生为载体，探索建立五种诚信计生模式，推进流动人口基本公共服务均等化。一是建立“协会为基础、房主做纽带、三方共承诺”的城中村流入人口诚信计生模式。通过出租房主的纽带作用建立健全流动人口计划生育协会，流动人口已婚育龄妇女按照就地就近的原则组建诚信计生小组，小组长携小组成员与政府、出租房主共同签订诚信计生协议书，形成政府、出租房主、流动人口三方共承诺的格局。二是建立“政府诚信、协会参与、房主履约、居民守信”的城镇社区流动人口诚信计生模式。根据社区居民结构多元化的特点，按企事业单位职工类、辖区居民类、流动人口类、经营行业类和出租物业类五种类型开展诚信计生，实现了承诺方式多样化、承诺内容个性化、服务手段特色化。三是依托物业管理公司建立双方承诺的封闭小区诚信计生模式。依托物业公司与社区人员建立双方承诺的诚信计生协议，向参加诚信计生的流动人口提供个性化服务。四是建立政策引导、套餐式服务的诚信计生模式。在流动人口诚信计生承诺书的优惠政策中制作多种自选套餐，根据流动人口选择提供优质服务，实现服务与被服务之间的供需协调。五是建立多方联动诚信计生模式。政府与各民营企业主、流动人口等多方共同联动，按企业分类建立流动人口计生协会，通过计生协会组织发动、制定优先优惠政策、落实均等化服务，解决流动人口生产、生活、生育方面的困难，实现政府、企业、流动人口共赢的目标。

6. 咸阳市。

咸阳市将试点工作纳入“十二五”经济社会发展总体规划，摆上党委、政府重要议事日程，走出了一条“政府主导、部门联动、创新突破，服务均等”的流动人口均等化服务路子。一是坚持政府主导。成立由政府主要领导任组长，相关职能部门为成员单位的试点工作领导小组，层层签订目标责任书，作为重点事项督查落实；在县、乡镇(街道)、村居（社区）设立流动人口服务中心或服务站，成立320多个计生协会流动人口分会；建立了逐年增长的流动人口经费投入机制。二是落实计生均等服务。结合“母亲健康工程”、“优生促进工程”和“计生家庭创业工程”，推进各项计生服务，全市流动人口在现居住地接受免费服务率达到98%以上；严格兑现流动人口计生家庭奖励扶助、独生子女保健费等政策，设立救助基金和爱心超市，帮扶救助流动计生困难家庭。三是推进便民维权。加强“一站式便民服务大厅”建设，开通“秦风热线”等各类维权热线，流动人口满意率达到95%以上。

五、中德项目合作专题

Part Five. Sino-German Project Cooperation

报告一

欧盟人口和移民服务管理考察报告

2010 年 11 月，国家人口计生委组团考察了欧盟，尤其是德国人口和移民服务管理等方面的政策。中国和欧洲在国情、社会制度、经济发展水平和社会保障等方面有诸多不同，但是欧盟国家的一些先进理念、成功经验和做法，值得我们学习借鉴。

一、人口结构变化成为影响欧盟经济社会政策取向的重要因素

欧盟人口结构变化呈现出低生育率、低死亡率和老龄化的特征。欧盟在 20 世纪 50 年代达到人口激增的顶峰后，妇女的生育数量开始显著下降，目前欧盟的总和生育率估计为 1.5，其中德国的总和生育率 2009 年约为 1.30 ~ 1.34，是欧洲乃至全世界生育率最低的国家之一。在过去 40 年中，欧洲每 10 年平均预期寿命就增加 2.5 岁。2004 年，欧盟 27 国的平均预期寿命为女性 81.5 岁，男性 75.2 岁。据预测，欧盟成员国 65 岁以上老年人口在总人口中的比例将从 2008 年的 17.1% 增加到 2060 年的 30%。为应对人口变化，欧盟及德国在促进生育和就业、社保和公共服务改革方面采取了以下行动：

（一）通过有效的家庭政策提高妇女生育率

2006 年，大多数成员国未达到欧洲理事会在巴塞罗那设定的目标，即确保 1/3 的 3 岁以下儿童和 90% 的 3 ~6 岁儿童获得正式托儿服务。目前，6 岁以下儿童的父母中，近 90% 的男性在就业，女性的这一比例低于 60%。因此欧盟倡导通过为家庭，特别是为母亲创造更好托儿、育儿条件和实行弹性工作制度，以解决女性生育与就业的矛盾。

（二）通过提高劳动参与率改善劳动人口和退休人口之间的平衡性

为加快经济改革和促进就业，2000 年欧盟制定了《里斯本战略》，提出到 2010 年平均就业率由 61% 提高到 70%，但进展一直缓慢，到

2007年，欧盟国家劳动年龄人口的实际就业率只有65.4%。2005年，欧盟委员会提出新的“增长与就业伙伴计划”，确定以经济增长和就业为优先目标，到2010年经济增长率提高3%，新增600万个就业机会。同时，欧盟特别注重提高老年人对经济和社会的贡献。2010年，德国提高了法定退休年龄，计划在2012~2029年，逐步将退休年龄由65岁提高到67岁。同时鼓励企业采取灵活的劳动时间、加强社会职业教育，以提高家庭妇女、外籍低技能移民的劳动参与率。

（三）提升创新能力以弥补就业潜力的下降

随着劳动年龄人口的下降，经济增长的来源将不得不依靠提高生产率。欧盟倡导各国通过投资人力、物质资本和增强创新能力来提高劳动生产率。《里斯本战略》提出，欧盟各国科研投入占国内生产总值的比例要由2000年的1.9%提高到2010年的3%，并通过发布年度评估报告来督促战略的实施，缩小与美国在创新能力方面的差距，成为“以知识为基础、世界上最有竞争力的经济体”。

（四）通过社会保障制度改革促进公共财政收支平衡

老年人口的增长将产生额外的养老金、医疗和长期护理等公共支出需求。欧盟倡导社会保障制度改革，鼓励老年人口更长时间地留在劳动力市场，遏制开支的增加；通过减少公共债务，为应对老龄化社会需求做好准备。据欧盟预测，如果各国能够很好地实施延长退休时间和提高劳动参与率等政策，公共财政负担将会与当前持平。以德国为例，长期以来，德国形成了种类丰富、体系完备、法律健全、运行良好的社会保险制度，但由于人口老龄化问题日益突出、出生率不断下降、失业率和失业总人数持续上升，养老、失业和医疗等保险均不同程度地出现入不敷出的局面，给德国财政平衡带来沉重负担，已成为严重的社会和政治问题。联邦政府推出了“2010年议程”改革方案，主要目的是解决德国经济和社保体制中存在的问题。

（五）通过改进公共服务提供模式应对人口规模萎缩带来的公共服务成本上升

据德国联邦统计局预测，到2050年，德国人口将下降到5 900万。人口规模萎缩、区域人口密度降低会导致基础设施和公共服务成本的提高，从而不得不拆除人口密度过低地区的基础公共设施。各联邦州采用分散性的区域供给模式，利用公共服务车、电子档案等多种渠道和模式提供公共服务，提高公共服务供给效率，降低公共服务成本。

二、促进移民社会融合成为欧盟人口发展最重要的战略之一

随着经济全球化和欧洲一体化的推进，欧洲出现了新的移民浪潮。1995~2007年间，欧盟27国人口因净移民而增长了近1 550万。吸引移民最多的国家是西班牙、意大利、德国和英国。同时随着欧盟东扩，内部移民快速增长。2007年年初，约4%的欧盟居民为非欧盟公民，而2.1%的欧盟公民生活在非原籍国。据预测，为弥补劳动力缺口，从2005年到2025年，欧盟每年需要迁入130万劳动力。在最好的假设情况下，即70%的新移民加入劳动力队伍，那么到2025年，欧盟每年需要190万~200万净移民。移民的涌入缓解了欧洲人口老龄化问题，为经济发展带来了活力，但也给各国移民安置、社会管理和福利保障政策带来了巨大挑战。因此欧盟将促进移民社会融合作为最重要的人口战略之一。欧盟内部，力促各国社会保障政策的衔接，确保不因人口流动迁移带来福利损失，促进统一劳动力市场的形成；对于欧盟外的移民，以为移民子女充分发展提供平等机会为重点目标，实施“移民流动团结和管理”（SOLID）项目，由欧洲难民基金（ERF）、外部边界基金（EBF）、第三国国家融合欧洲基金（IF）和回报基金（RF）给予支持。2007~2013年间，SOLID项目的总金额达到40.2亿欧元。

德国一直实行较为严格的移民控制政策，但由于劳动力的短缺，合法、非法移民均增长较快。2008年，德国总人口约8 200.2万人，外籍人口达718.6万，占人口总数的8.9%，成为事实上的移民国家。德国社会在移民融合方面进行了广泛的讨论和实践，取得了积极成效。

（一）形成了较为完善的移民融合政策框架

2005年1月，德国新《移民法》正式生效，规定了移民居住、欧盟公民自由迁徙等方面的权利和德国政府相关责任，使移民程序更加便捷。此后，德国大力推进移民社会融合。2006年7月14日，德国总理府召开“融合峰会”，推出了国家的融合计划。通过德语培训计划，建立共同的文化认同，促进移民更好地融入社会；通过形成留住人才的良好机制，积极地应对全球人才大战，吸引并留住高新技术人才。

（二）构建了较为健全的移民融合组织机构体系

德国建立了自上而下、行之有效的纵向组织体系。德国总理府设立了国务部长移民融合办公室，负责涉及各部门的移民融合政策协调。联邦内务部负责移民和难民政策制定，下设联邦移民和难民局，负责移民融合项目的组织实施。各州和主要城市的议院和政府均有相应的主管移民融合的机构，参与涉及移民服务管理政策的制定和相关项目的组织实施。

（三）发挥了社区和非政府组织在移民融合中的作用

政府为家庭、学校、社区等提供资金支持，形成了因地制宜、各具特色的移民融合促进项目。各类非政府组织有效地发挥了联系、帮助移民的作用，形成了全社会、多方位推进社会融合的格局。

（四）探索了移民融合评价指标体系

有关部门应用包括失业率、就业率、自由职业率、教育年限等60多项指标，客观评价融合政策的实施效果和移民融合状况，并定期向决策部门和公众发布移民融合报告，提出相应的政策建议。各个联邦州政府也有各自移民融合指标体系框架。

三、家庭支持政策成为欧盟经济复苏和增长的核心战略之一

家庭是社会生活组织的“细胞”和“元素”，是一个社会的基础。家庭作为一个社会单元，承载了繁衍后代、赡养老人、情感寄托、缓解社会冲突等社会功能，也承担着消费、培育和提供劳动力等经济功能。在过去几十年中，欧洲家庭发生了深刻变化：结婚的人更少，晚婚、离婚增加，未婚同居、单亲家庭增多，户均规模下降，80岁以上的老人占了单人家庭的绝大比例。很多欧盟国家，如芬兰、挪威、荷兰及法国等，均先后组建了家庭部，支持家庭发展。

目前，德国家庭的组成形式、内部关系及功能与社会福利制度都在发生巨大变化。一是越来越多的女性在生育与个人职业发展的矛盾中选择了先工作，晚生或不要孩子。二是随着失业率的上升以及子女教育费用的增加，是否能够承担得起孩子的养育费用成为许多家庭选择要不要孩子的关键。三是家庭观念逐渐淡漠，离婚率上升，重组家庭数量增多，户均规模不断萎缩。四是家庭养老仍是德国的主要养老方式，80%的老人居住在家里。

为应对家庭变化对经济社会的影响，德国成立了联邦家庭老人妇

女和青年事务部，初步形成了支持家庭发展的政策和实施体系。

（一）制定了明确的政策目标和责任主体

家庭政策的主要目标是平衡家庭负担、为抚养子女提供咨询和帮助、协调家庭内部和谐与家庭稳定。第一个目标主要是由联邦政府的家庭政策解决；第二个目标则较多地由联邦、州或行业内部的机构组织或文化教育部门负责；第三个目标则通过全社会和舆论的影响，倡导家庭价值观回归。

（二）形成了以生命阶段为基础的家庭政策框架

通过将人的生命过程划分为儿童、青少年、成年、老年和高龄五个生命阶段，分阶段制定不同的家庭政策，如对儿童制定帮助其社会化的政策，对成年人制定帮助组建家庭生育子女的政策，对老年人制定养老政策等。

（三）加大财政对家庭政策的支持力度

德国出台了一系列利益导向政策，鼓励妇女照顾孩子并兼顾事业。通过给父母 14 个月带薪护理假（薪资标准为双方净收入的 67%，最高每月可获得 1 800 欧元）等方式帮助抚育子女；通过税收优惠、育儿补贴（平均每月 200 欧元左右，直到孩子 18 岁）等降低育儿成本。同时，加大基础设施建设。联邦政府计划到 2013 年投入 40 亿欧元的资金，用于扩大全日制幼儿园的建设及运行，以提高孩子的入园率；为 4 000 家重点扶持的幼儿园再提供 4 亿欧元资金，以提高幼儿园的质量。

（四）形成了一系列家庭政策的项目载体

例如，“成功家庭”项目在企业间推行有家庭意识的人力资源政策，满足雇员希望拥有灵活的劳动时间的愿望，以利于其家庭发展，同时也有助于提高雇员工作的积极性及对企业的忠诚度，并由政府对积极推进家庭政策的企业给予一定的认证和表彰，推广其经验及做法。“世代之家”项目由地方政府提供场所，建造了大约 500 间可供几代人同堂的房屋，并每年为每间房屋提供 8 000 欧元的财政支持用作运作经费，其中大约有 1/3 用于对老年痴呆症患者的帮助。

四、几点建议

当前，我国人口流动迁移日趋活跃，人口老龄化进程加快，家庭发展问题日益显现，欧盟尤其是德国的经验对于我们更好地引导人口有序流动迁移、完善社会保障体系、提高家庭发展能力等方面有着重要的启示。应当紧紧抓住“十二五”时期积极推进健康城镇化、更加重视保障和改善民生、大力推动社会管理体制改革的有利时机，学习借鉴国内外经验，探索建立统筹解决人口问题的体制机制。结合本次学习考察的思考，提出以下建议：

（一）高度重视人口老龄化和城镇化对社会保障制度和公共服务体系建设的影响

加强人口战略研究，深入分析人口年龄结构变化对社会保障政策、社会养老支持的需求，探索建立适应中国国情的社会福利政策和养老模式。准确把握人口城镇化带来的人口城乡分布变化和空间聚集趋势，提高公共资源的配置效率和公共服务基础设施的效用。

（二）加强家庭发展政策的统筹协调，提升家庭发展能力

家庭发展政策不仅包括传统的计划生育/生殖健康政策，还涉及教育、就业、税收、养老保险、养老支持等各方面政策。目前世界上已经有 11 个国家成立了家庭部，以加强政策协调和相关项目的实施。建议加强相关政策研究和协调，在“十二五”时期推动出台《中国家庭发展政策纲要（2011～2020）》，通过中长期规划，引导各地出台政策，支持家庭发展。

（三）推动流动人口社会融合研究和实践，发布“新市民融合指数”

借鉴国外社会融合理论，结合中国人口流动迁移过程中的阶段性特征，丰富完善融合理论内涵，推动相关的社会实践。以流动人口生存发展状况动态监测数据为基础，构建和发布包括经济、劳动保障、公共服务和社会参与四方面指标的“新市民融合指数”，倡导全社会关怀关爱流动人口，推进流动人口市民化，促进流动人口社会融合。

报告二

德国城镇化和流动人口服务管理考察报告

在城镇化进程中，德国人口服务管理所形成的先进理念、成功经验和做法，对促进我国人口城镇化健康发展、推进基本公共服务均等化具有积极借鉴意义。

一、德国城镇化进程中推进基本公共服务均等化的实践

近 20 年来，德国城镇化率一直保持在 73% 左右，已进入城镇化平稳发展阶段。根据社会发展的需要，德国构建了一套城镇化稳定发展所必需的制度框架，并不断加以完善。

（一）通过立法和建立相关制度保障人们享有基本公共服务的权利

德国《基本法》确立了“公民生存条件一致性”的原则，要求在全国范围内提供大体相当的生活条件。德国政府制定了一系列制度措施来实现这一目标：一是明确划分各级政府在公共服务提供方面的职责。《基本法》规定，“为了普遍的利益必须统一进行处理的事务”由联邦政府负责，其他的事务原则上由各州和地方政府负责。与地方政府更加注重执行相比，联邦政府只有在《基本法》明确规定或者地区间外部性严重时才承担公共服务的供给责任，主要通过立法来管理和调节各级政府的公共服务供给责任。二是通过多级财政平衡体系保障各级政府提供公共服务的财力。德国实行以共享税为主的分税体制，同时建立了纵向转移支付、横向转移支付和补贴制度。德国的转移支付以全体公民为对象，并根据人口密度进行调整。三是建立和完善社会保障制度。自俾斯麦政府于 19 世纪中后期颁布了医疗保险法、事故保险法、伤残保障和养老保险法以来，德国的社会保障体制经过 100 多年的发展，逐步建立起了一个体制健全的涵盖每个公民生老病死、失业、退休、教育以及住房等内容的保障制度。

（二）通过以人口为导向的空间规划体系引导城乡、区域协调可持续发展

德国的空间规划工作处处体现出以人为本的发展理念。一是明确把保证基本公共服务供给作为空间规划的基本原则之一。德国空间规划的最终目的是要保持空间发展与人口发展相适应，使人们享有均等的生活条件。2006 年德国空间规划部门联席会议确定了三大空间规划原则和理念：促进增长和创新、保证公共服务供给、资源保护和文化景观构建。二是把人口变化趋势作为制定空间规划政策的基础。德国多年来在空间规划方面形成了“中心点”理念，中心点承担某个地区或城市公共服务和生活设施提供的功能。德国根据人口减少的发展趋势，首先，对中心点进行联合或进行功能分离；其次，加强地方协作，要求各地共同承担公共服务供给责任，加强空间规划工作和私有经济的合作，对私有公共服务设施的建立提供信息支持和指导；再次，加强与周边不同国家之间的合作，积极争取欧盟结构基金支持。三是针对不同地区的人口变化制定不同的空间发展政策。1997～2007 年，汉堡、柏林、慕尼黑、科隆等都市区人口持续增长，东德地区、老工业地区（鲁尔地区）人口萎缩严重。针对人口增加地区，联邦政府通过项目形式促进住宅建设，包括对现有房屋的改建；加强社区管理和环境保护工作；建立“城乡伙伴关系”，带动周边地区发展。针对人口减少地区，进行城市改建，拆除空置房屋，改造原有房屋；建设、改造城市基础设施；利用公共服务车、电子档案等多种渠道提供公共服务，提高服务的效率和可及性。

（三）通过教育和培训提高居民包括移民的发展能力

在城镇化快速推进时期，重视流动人口的基础教育和职业教育。在基础教育方面，德国 1903 年通过了《童工法》，明文规定 6～14 岁的青少年必须接受最基本的义务教育，之后才能够进入工厂就业。在成人教育方面，为了满足工业化发展的需要，当时各个城市积极创办各种收费低廉的职业学校，被证明贫困的求学者可以享受免费教育。在移民比重日益上升的今天，德国把移民教育尤其是二代移民的教育作为促进移民社会融合的主要手段。2010 年德国有近 1 600 万的居民为移民或有移民背景，占总人口的 20% 左右。为促进移民社会融合，德国将外籍劳工的子女纳入国民教育体系之中。2007 年，德国 16 个联邦州一致同意，为移民子女比例高的学校提供更多资金。另外，德

国政府还注重对有移民背景的年轻人的培训。如科隆市在各区设立了培训咨询点，年轻人可以向这些培训咨询点寻求帮助。

（四）通过加强公共治理保障基本公共服务供给的公平和效率

一方面，在城市建设和管理、公共服务提供中，充分发挥社区和非政府组织的作用，建立多元化参与机制。近年来，德国公共服务机构“去行政化”的趋势越来越明显，很多公共设施包括铁路、高速公路、车站等也在向市场私有化方向推进，实行所有权和经营权分离，以减轻政府的投入。对于未进行公司化改革的公共服务领域，政府也在逐步引入内部市场，即将承包人与供应者分开，提高供给效率。另一方面，在政策制定和公共服务效果评价中，注重公众参与和第三方评估。以移民社会融合工作为例，除了联邦移民和难民局探索建立了反映就业、收入、教育、生活状况、社会保障等多方面状况的融合指标体系来监测移民融合工作成效外，德国移民与融合基金会专家委员会、贝塔斯曼基金会等社会机构也定期评估并发布有关移民融合方面的调查研究报告，并受到社会各界的广泛关注。

（五）根据人口变化不断调整和完善相关的社会政策

面对人口出生率下降、人口老龄化、社会保障体系的结构性赤字、专业人才缺乏等问题，德国不断调整人口政策和相关的社会政策以促进人口均衡发展。一是制定促进家庭发展的政策。包括提供带薪护理假和育儿津贴，扩大幼儿入托规模，推行家庭护理时间制度，建立灵活工作时间制，推动对家庭起支持作用的相关服务和基础设施发展等。二是制定有利于老年人发展的政策。包括传递推广新的老年形象，提供符合老年人生活特征的产品和服务，向所有年龄层开放联邦志愿服务，实施“老年之家”计划，大力推广老年护理的职业培训和资质认定等。三是制定有利于儿童和青少年发展的政策。包括扩大幼儿托管的规模；实施“早期机遇”行动，推动语言发展和社会融入；实施“青年强化发展”计划；实施“父母的机遇就是孩子的机遇”计划，支持各年龄阶段发展，提高家长教育抚养孩子的能力。

二、德国城镇化和流动人口服务管理机制的重要启示

（一）城镇化进程中应充分发挥政府主导、规划引导的积极作用

政府在推进城镇化健康发展中的首要作用是建立要素自由流动、

人口自由迁徙、公共服务均等、社会保障等最基本的制度条件，并通过相关激励制度引导农村人口前往城市定居。城镇化发展过程中只有做到规划先行，才能少走弯路。要针对发展趋势制定前瞻性的发展规划，适时调整完善规划，树立规划的权威性，保证规划过程的公开性。

（二）城镇化进程中要同步推进工业化、农业现代化

从德国城镇化进程来看，城乡一体化是伴随着工业化、城镇化过程实现的，不仅有人口和生产要素由农村向城市的集聚，也有先进生产要素和先进文化由城镇向农村的辐射，城乡逐步走向交融。农民进城只是城镇化的一种表象。城镇化的实质在于社会生产方式、生活方式、价值观念的现代化，而不仅仅是人口在地域空间单纯的移动、居住区向城市的汇集。

（三）城镇化进程中要构建城市分工定位明确、功能互补的城镇体系

德国在城镇布局上有以下特点：人口100万以上的大城市周围多为10万人以下的小城镇，大城市发挥中心功能，周围小城镇依附于大城市发展，如柏林、汉堡与慕尼黑周围的城镇空间布局；人口在30万~100万的城市周围一般都有相应规模的城市，各城市在功能上相互补充、支持，如城镇最为密集的莱茵—鲁尔地区。通过明确各类城市的功能定位，制定不同的产业发展和人口管理措施，促进不同类型城市协调可持续发展。

（四）城镇化进程中要使流动人口充分分享经济社会发展成果

德国在城镇化快速成长过程中制定的所有政策，都毫无例外地将流动人口纳入统一的管理框架，政府在就业、培训、社会保障、公共住宅等一系列政策方面，给所有的国民以同等待遇。流动人口是城镇化进程中的必然现象，城镇化进程中的一切政策都应该有利于流动人口在城市中相对稳定地就业和生活，否则，就会造成多种社会问题的积累，影响社会和谐稳定发展。

三、关于我国城镇化进程中推进基本公共服务均等化的思考与建议

改革开放以来，我国城镇化水平大幅提高，城镇建设成效明显，但同时存在人口城镇化滞后于土地城镇化，城镇化发展规划体系不健全，合理的城镇体系尚未形成，城市公共服务供需矛盾凸显等突出问

题。对比德国政府的做法，对促进我国城镇化健康发展、推进基本公共服务均等化提出如下建议：

（一）树立“以人为本”的发展理念，将人口城镇化作为促进城镇化健康发展的核心

城镇化的本质是“化人”，要摒弃“见物不见人”的发展理念，将促进人的全面发展作为城镇化的出发点和落脚点。将城市居民享受公共服务状况、人口发展状况及城市发展对资源环境的影响作为城镇化发展质量评估的重要内容。把有稳定劳动关系并在城镇居住一定年限的流动人口及其家属逐步转为城镇居民，享受与城市居民均等的公共服务。根据不同城市类别和城镇综合承载力，制定差别化的落户条件，重点引导农民工及其家庭向中小城市和小城镇落户定居。

（二）完善城镇化规划体系，强化人口发展规划在城镇化发展中的基础地位

依据《全国主体功能区规划》，国家出台促进城镇化健康发展的中长期规划，加强实施过程中的统筹协调以及实施效果的跟踪评估。注重发挥人口发展规划在统筹城乡人口发展政策、整合公共资源、调控城镇人口规模、优化人口布局中的基础作用，健全人口发展规划与国土规划、城市规划、就业规划等重大专项规划衔接协调机制。

（三）提升城镇综合承载力，促进大中小城市协调发展

以主体功能区为基础，依据各地自然禀赋、宜居条件、人文积累及人口空间分布状况，逐步形成以都市圈、城市群为主体，以中小城镇为网底的城镇体系。现阶段我国城镇化的重点应是大力发展县域经济，加快中小城市和小城镇发展，就近就地转移农民富余劳动力。

（四）把握战略机遇期，加快以社会保障为核心的社会安全网建设

德国及欧盟其他国家的实践经验表明，城镇化率接近50%的时期，是一个国家构建和完善社会管理和公共服务制度的关键时期。当前，我国已经进入健全覆盖城乡居民的社会保障体系、推进基本公共服务均等化的最佳时期，必须坚持以扶弱政策为导向，重点支持帮助弱势和困难群体。我国流动人口约80%以上是农村户籍流动人口，这是一个规模庞大、分布广泛的特殊群体。实现并解决好流动人口基本公共服务均等化已成为各级政府推进基本公共服务均等化的重点任务。

四、关于加强流动人口服务管理，引导人口有序迁移、合理分布的相关政策建议

（一）构建引导人口有序迁移、合理分布的体制机制

以产业发展促进城镇就业，逐步消除劳动力要素流动和人口迁徙的制度障碍；加大财税制度改革力度，增强经济发达地区吸纳迁移人口并为其提供公共服务的职责；制定差别化的人口迁移管理政策，形成有利于人口聚集的公共政策。国家人口计生委已经初步建立了流动人口动态监测制度，依托人口计生部门全员人口数据库和流动人口动态监测体系，建设开发人口迁移分布和城镇化决策支持平台，为政府部门科学决策和公共服务提供信息支持。

（二）强化综合施治，进一步完善流动人口管理体制

充分利用国家人口计生委兼职委员制度，建立全国流动人口服务管理的统筹协调机制。加强对流动人口服务管理的中长期规划、法律法规和重大政策的研究。建立健全流动人口综合服务管理信息系统，实现流动人口信息跨部门、跨系统、跨地区共享，开展流动人口变动趋势的预警监测和综合分析。

（三）加快推进流动人口基本公共服务均等化，促进流动人口社会融合

完善流动人口基本公共服务网络体系，整合基层综治、公安、人口计生及其他部门流动人口服务管理力量，建立流动人口服务管理综合平台。明确各级财政在为流动人口提供不同类型公共服务的责任和作用，实施中央对流入地流动人口基本公共服务的奖补机制。构建流动人口社会融合和市民化指标体系，定期发布相关数据，引导各地出台有利于流动人口的相关措施。

报告三

德国移民的社会融合考察报告

随着工业化和城镇化的不断推进，我国流动人口已达到2.3亿人，预计未来流动人口的队伍还将不断壮大。流动人口形势的变化以及政府执政理念的转变，要求我国的流动人口社会管理模式和管理水平也要与时俱进，转向以促进流动人口社会融合为目标的服务管理体系。德国作为一个移民国家，其移民政策与移民管理实践经历了从社会排斥到社会融合的历史演变。对德国移民社会融合经验与教训的考察，有助于提高我国流动人口社会管理的科学化水平，对于建设和谐稳定的小康社会具有重要的意义。

一、"二战"之后的德国移民浪潮

"二战"之后，德国经历了四次移民浪潮。第一阶段（1945～1950），侨民返回联邦德国。在此期间，有1 250万德意志侨民作为被驱逐者返回联邦德国。第二阶段（1950～1970），外籍工人输入。战后联邦德国的经济重建需要招募外国工人，在此期间共有1 400万外籍工人来到联邦德国，期满后有300万人选择留下。第三阶段（1970～1990），寻求政治避难。20世纪70年代以后，德国终止了招募外国劳工的计划，但由于其地理位置、政治偏好、移民网络而被许多难民作为寻求政治避难的首选国家。第四阶段，后冷战时期的战争难民和经济难民。20世纪90年代之后的前南斯拉夫内战、波黑战争使大量的战争难民进入德国。

移民曾为德国的经济崛起作出了巨大的贡献，但由于缺乏长期有效的移民一体化融合政策，德国政府面临严峻的社会经济问题，表现为：（1）加剧了德国社会的不平等；（2）增加了德国社会的不安全感；（3）给德国带来高昂的安置成本；（4）移民与德国民众的冲突加剧，社会融合问题日益严峻。

二、德国的社会融合对象

德国外国移民的构成有四种类型：（1）欧洲国家自然迁徙的移民或欧洲国家的工作移民。由于有着相似的宗教、文化、政治理念和生活方式，他们在自然同化下实现了与德国社会的融合。（2）非欧洲国家的工作移民。例如，土耳其劳工中的55%在德国停留20年以上。这些非欧洲国家的、长期在德国居住的外国移民，其第二代移民是德国融合关注的主体。（3）非洲和亚洲等地区的难民和非法移民。这部分移民在德国停留的时间比较短，语言存在障碍，信奉不同的宗教，对德国的社会认同感还未建立起来。德国将其列入不受欢迎的移民种类。（4）技术移民或投资移民。由于具有较高的文化资本和经济资本，他们在语言和就业方面不存在太大的融合障碍，受到德国政府的欢迎。

三、德国的社会融合模式

德国存在多种社会融合模式，有自上而下由政府主导的融合模式，也有自下而上由移民推动的融合模式，具体如下：

（一）立足社区的融合模式——柏林模式

原东西德合并给柏林带来了两个问题：一是35万个就业岗位的丧失。外国移民首先受到冲击，失业率的上升导致贫困。二是社会问题增多，富人流向柏林附近的卫星城市，市区主要居住着外国人、失业人员和老年人。这些社区脱离了城市发展的正常轨道，成为贫困孤岛。柏林市政府通过实施“政府动员、社区参与”的融合计划来改变这种局面。

1. 政府动员。

政府在参与式社区融合计划的动员作用主要表现在三个方面：（1）制定标准。包括移民份额、领取救济金人数、失业人数、移民子女辍学率、移民的德语水平等。依据这些指标将社区划分为不同的类型，并对其贫富类型、流动性强弱和社会融合程度进行综合评价，选定参与融合计划的社区。（2）组织与规划。柏林城市发展部组织各个参与计划的社区建立融合管理小组，每个社区的规模为3～6人，其中至少有1名有移民背景的居民和1名政府工作人员。该计划涉及的社区有 34 个，总人口 40 万。(3) 探讨社区与城市的协调发展问题。定期组织由各个社区参加的圆桌会议，邀请社会各界人士参与，力图改变本国人与外国人相区隔、富人与穷人的相区隔的社会问题。

2. 社区参与。

社区参与的项目包括：(1) 改善社区环境，提高社区的硬件设施水平，提高移民的生活质量；(2) 政府通过动员建筑公司在社区建设食堂或厨房，推动邻里之间轮流做饭，以此提高社区的凝聚力；(3) 推行母亲计划，发挥母亲在社区融合中的作用；(4) 发动家长与学校沟通，探讨学校教育，特别是适合外国移民和不同文化宗教背景的教育问题；(5) 设置社区管理员，由社区的青少年参加，警察局负责进行培训，充分调动青少年参与社区管理和服务的积极性，达到社区自治。项目实施取得了很好的效果，在一定程度上改变了移民之间不相往来的局面，推动了社区的融合。

(二) 以教育为突破口的融合模式——杜塞尔多夫模式

1. 外国移民特点。

杜塞尔多夫市有 60 万人口，具有移民背景的人口达到 11 万。该市的外国移民具有以下特点：(1) 以从事商业和服务业为主；(2) 居住分散，没有形成外国人居住圈；(3) 外国人中年轻人居多，平均年龄为 36 岁。

2. 社会融合目标。

由于杜塞尔多夫市外国移民的多元化特征，该市专门设有社会保障和移民融合局，其制定的五个融合目标是：(1) 外国移民在劳动力市场具有与本地居民相同的就业机会；(2) 使流动人口具有一技之长，能够靠劳动为生，而非社会福利；(3) 学会用德语交流；(4) 让移民参与社会塑造，在城市社会发展中发挥作用；(5) 具有移民背景的孩子与当地居民的孩子具有相同的受教育机会。

3. 促进社会融合的具体措施。

杜塞尔多夫市在社会融合方面的具体措施如下：(1) 移民子女的入学环节——语言能力测试及相应的促进教育。该市在孩子入学问题上的基本原则是，学校不能以孩子的语言能力低为理由拒收孩子或让孩子退学。2008 年该城市对 4 ~6 岁的儿童进行了全面的语言能力测试，并确认了 25% 的孩子需要加强语言培训，主要是移民子女。(2) 跨文化教育的实施。一是鼓励外来艺术家进行创作；二是在 ZAKK 文化中心进行跨文化创作试点，目前参加该活动的人员占到 17%；三是使跨文化交流主流化，目前该市 1/4 的政府工作人员具有移民背景，政府每年举行一次公务员文化交往周，有助于消除偏见、增进信任。(3) 宗教之间的对话。杜塞尔多夫市把宗教作为跨文化教育的一个重要途径：一是组织人民认识宗教组织的重要性，加强宗教之间和宗教与政府之间的联系，促进各个教会组织开展对话活动；二是协调非政府组织的工作，如提供工人福利协会（AWO）3.5 万欧元的经费以阻止宗教极端分子的活动；三是在学校开设诸如“跨宗教的宗教”课程，让有不同信仰的孩子一起来上课，帮助青少年在各种宗教信仰中找到自己的立足点。

四、德国社会融合的监测与管理

为了宏观把握德国社会移民融合状况，及时发现、修正社会融合中存在的问题，欧盟、德国联邦政府和各个联邦州都在积极探索构建评价和监测社会融合的指标，以判别社会融合的现状以及存在的问题，避免未来社会可能出现的冲突和排斥问题。

（一）德国社会融合监测指标

1. 欧洲移民融合政策指数。

移民融合政策指数是英国国会编制的反映欧洲 32 个国家移民融合政策数量与质量的综合评价指数。该指数在学术界和决策机构中具有较高的权威性。该指标的编制步骤如下：(1) 对各国有关移民融合的政策进行搜集和文本分析；(2) 按照每项政策的目标进行分类，编制六个方面的分指数，包括劳动市场准入指数、家庭团聚指数、获得长期居留权指数、政治参与指数、获公民资格指数、反歧视指数；(3) 根据一定的权重对六类指数进行综合，编制移民融合综合指数；(4) 在对各国总指数和分指数比较的基础上，对欧洲各个国家的社会融合状况进行评估。2009 年欧洲 32 个国家移民融合政策指数排名最高的国家是瑞典，排名最低的国家是拉脱维亚，德国位居第 14 位。

2. 联邦移民和难民局的 60 项融合指标。

在社会融合指标的确定上，德国在欧盟的指标基础上进行了扩展，使用 60 项指标反映社会经济状况，其中涉及就业、收入、教育、生活状况、社会保障等多个方面，而且对移民进行了更加细致的分类，如分为一代移民、二代移民，来源于不同国家的移民等。为了便于比较分析，该局不仅搜集移民的数据，还搜集非移民的相关数据。联邦移民和难民局认为，融合问题的政策制定需要标准，而标准来源于数据，因此及时掌握大量数据就会使决策更具有科学性和权威性。

3. 威斯巴登市的移民融合监测。

威斯巴登市非常重视移民社会融合问题，2001 年该市议会通过决议，将移民融合问题作为城市的政治目标之一。目前形成了一套对移民社会融合进行监测的科学方法：（1）对融合理论的具体化与操作化；（2）对融合现状及变动趋势进行描述；（3）确定融合优化的目标；（4）发现社会融合在成功与失败方面存在的规律特征；（5）做到早期预警。

威斯巴登社会融合监测体系建构的步骤如下：（1）社会融合目标人群的确定。涉及两个移民概念，一是具有德国国籍的移民，二是没有德国国籍的外国人，其中没有德国国籍的移民占到 45%。对于具有德国国籍的移民做进一步的划分，其中一代移民占到 77%，二代移民占 23%。通过分析不同类别移民，最后确定威斯巴登的融合工作的目标人数。（2）融合指标的选取。移民融合指标覆盖四个领域：第一，结构融合（劳动力市场、教育、居住）；第二，文化融合（掌握德语的程度）；第三，社会融合（社会网络，加入协会数量）；第四，认同融合（是否加入德国国籍）。（3）确定融合的基准。各个领域融合程度如何，需要进行评价和判断，便于改进工作。例如，教育领域的融合指标体系包括：幼儿园比例、上高级中学的比例、在所有入学适龄儿童中参加过预检的比例、适龄儿童超重的比例等，这些指标都有具体的基线标准。（4）实施和引导。第一，由市议会确定融合目标；第二，委托 33 处设计融合方案，融合方案以 5 年为周期确定工作计划；第三，由 33 处找出融合工作的重点领域，确定移民融合的具体内容；第四，多个部门具体实施，最后进行综合判断。

（二）社会融合的政府职责与管理框架

德国非常重视移民的融合问题，并专门设置负责移民融合事务的机构，如联邦移民和难民局，该局在融合事务的管理方面组织严密，职责分明。联邦移民和难民局下设五个司，其中第三司是专门负责移民融合事务的部门，下设三个处室，即融合规划与综合处、融合教育与融合预算处、融合支持测算与咨询处。类似管理机构在联邦各州也有专门设置。总之，明确而又清晰的政府职责，条块分割的管理框架使得联邦德国的社会融合政策能够得到有效的贯彻和实施。

五、德国移民社会融合对我国的借鉴意义

（一）借鉴德国的融合管理模式，促进我国社会融合管理与服务科学化和规范化

1. 确定融合目标，有针对性地推行融合计划。

根据移民的来源地、居住时间、职业类型、宗教信仰、社区特点可以划分为不同的人群，哪类人是融合的目标人群，需要进行科学地甄别，以使融合工作达到行之有效，便于科学化的管理和服务。柏林市的社区融合经验值得我们借鉴，政府通过制定标准，选出需要重点推行融合计划的社区，再动员和整合社会力量，对移民居住的社区进行具体的融合项目实施。这样一种融合模式对我国流动人口的社会融合管理与服务具有重要的启示意义，即在现有的国力条件下，政府应动员集中有限的资源，着力解决社会融合中的难点和重点问题。

2. 重视融合信息搜集，量化社会融合指标。

德国政府对融合信息的搜集工作非常重视，联邦政府多个部门都有专门从事这一工作的机构，例如，总理府、移民和难民局等，政府有关社会融合政策都是基于对多个部门信息进行综合和比较的基础上制定的。在对社会融合的管理上，选取能够量化的社会融合指标，进行动态比较或者欧盟范围内以及各个联邦州之间比较，这样一种管理模式有助于考察现状，检验政策的执行效果，及时发现融合问题，有针对性地提出解决问题的办法。

（二）借鉴德国以教育为突破口的融合模式，树立教育公平和跨文化教育的理念

1. 将教育机会均等的理念贯穿于社会融合中。

教育公平作为现代社会的基本价值观，是社会公平价值在教育领域的延伸和体现。德国政府在移民子女的入学环节上，基本原则是不管孩子的文化和语言背景如何，都要使所有的孩子入学。德国以教育机会的均等作为移民融入社会的基础值得我国学习和借鉴，尽管我国

在流动人口子女受教育问题上也在贯彻实施教育权利平等和教育机会均等的原则，流动儿童入学率已近99%，但流动儿童在学校的选择上还存在制度性障碍，为流动儿童专门开设的打工子弟学校已打上了不平等的标签，不利于孩子成长和未来真正融入社会。

2. 将跨文化教育的理念贯穿于社会融合中。

德国采取针对不同宗教、不同民族和不同语言移民的跨文化教育，我国流动人口基本上不存在类似德国的跨文化背景，但德国的跨文化教育理念值得我们学习。我国流动人口大多从事艰苦的工作，其子女在成长过程中，往往因自身的社会背景和社会地位而难以融入孩子的主体群体之内。因此如何使流动人口子女和本地子女平等、和谐、融洽地共处一片蓝天之下，对我国教育部门提出了挑战。应该树立跨文化教育的理念，通过积极向上的、没有歧视的、民主平等的课程设置和校园文化引导本地子女与流动人口子女相互理解和相互认同，做到彼此尊重，促进社会融合。

（三）借鉴德国移民政策的调整思路，促进我国人口流动与经济、社会、资源、环境的协调发展

移民的流入在为接收国创造财富的同时，也会给接收国带来资源、环境、社会和经济方面的竞争和压力，因此接收国在接收移民时既要考虑本国资源环境和就业的承载力，同时也要考虑与本国居民的社会融合。近年来德国政府在移民政策的调整上，更加注重考察移民的融合潜力和劳动力市场需求的迫切程度，着力减少低技能劳动力的停留时间，不断放宽高技能劳动力进入的条件。德国移民政策的调整方向对我国“十二五”人口规划提出的人口流动要与资源、环境、社会、经济相协调的目标的实现具有一定的借鉴意义。我国目前流动人口有2.3亿，占总人口的17%，随着城市化水平的提高，流动人口还在不断增加。对流动人口的引导也要以社会融合为目标，降低流动的盲目性，促进社会的和谐。

附　录

Appendix

附录一

流动人口服务管理大事记

（2011 年 7 月 ~2012 年 3 月）

2011 年 7 月 30 日 国务院印发《中国妇女发展纲要（2011 ~2020 年）》和《中国儿童发展纲要（2011 ~2020 年）》，对流动人口中妇女和儿童的服务与管理工作提出新的要求。

2011 年 8 月 15 日 国务院办公厅印发《关于加强和改进流浪未成年人救助保护工作的意见》，提出在当前人口流动加速的影响下，要加快推进流浪未成年人救助保护体系建设，确保流浪未成年人得到及时救助保护、教育矫治、回归家庭和妥善安置。

2011 年 10 月 18 日 中国共产党第十七届中央委员会第六次全体会议通过《中共中央关于深化文化体制改革推动社会主义文化大发展大繁荣若干重大问题的决定》，提出引导企业、社区积极开展面向农民工的公益性文化活动，尽快把农民工纳入城市公共文化服务体系。

2011 年 11 月 27 日 中共中央政治局常委、国务院总理温家宝在第五次全国妇女儿童工作会议上讲话，要求按照城乡基本公共服务均等化的要求，对进城流动妇女儿童和城市人口一视同仁，确保流动儿童在异地平等接受义务教育的权利，逐步实现流动妇女儿童享受当地同等的卫生保健服务。

2011 年 12 月 12 ~14 日 中央经济工作会议在北京召开，会议指出，在 2012 年的工作任务中，要重视农民工在城镇的工作生活问题，帮助他们逐步解决在就业、居住、医疗、子女入学等方面遇到的困难，有序引导符合条件的农民工进城落户。

2011 年 12 月 15 日 中共中央政治局常委、国务院副总理李克强在全国发展和改革工作座谈会上讲话，提出要抓紧制定并有序实施促进农民工融入城市的政策措施，放宽中小城市落户条件，把在城镇已稳定就业和居住的农民工有序转变为城镇居民。

2011 年 12 月 20 日　国务院办公厅印发《社区服务体系建设规划（2011～2015 年）》，要求加强和改进对农民工及其子女的公共服务和社会管理。

2011 年 12 月 27 日　中共中央政治局常委、国务院总理温家宝在中央农村工作会议上讲话，提出要培养一代新型农民，鼓励有文化和农业技能的青壮年农民留在农村；合理引导人口流向，既要采取措施让具备条件的农民工在就业所在地逐步安家落户，又要引导产业向内地、向中小城市和小城镇转移，让更多农民就地就近转移就业。

2012 年 1 月 13 日　国务院办公厅印发《中国遏制与防治艾滋病"十二五"行动计划》，要求将艾滋病综合防治知识教育纳入农民工相关培训；加强流动人口居住聚集区域或社区的艾滋病综合防治知识宣传教育工作。

2012 年 2 月 7 日　中共中央政治局常委、中央政法委书记、中央社会管理综合治理委员会主任周永康在全国社会管理创新综合试点工作座谈会上讲话，提出要统筹城乡、区域发展，逐步使大多数流动人口在城市和农村各得其所；积极稳妥推进户籍管理制度改革、全面实行居住证制度，实现基本公共服务由户籍人口向常住人口全覆盖，促进流动人口与当地居民和谐相处；调整产业、区域经济结构，大力发展县域经济，推进社会主义新农村建设，逐步使大多数流动人口稳定下来，安居乐业。

2012 年 2 月 22 日　中共中央政治局常委、国务院总理温家宝主持召开国务院常务会议，研究部署"十二五"期间深化医药卫生体制改革工作，指出要重点做好农民工、非公有制经济组织从业人员、灵活就业人员，以及关闭破产企业退休人员和困难企业职工参保工作。

2012 年 2 月 24 日　国务院办公厅发布《关于积极稳妥推进户籍管理制度改革的通知》，要求按照国家有关户籍管理制度改革的决策部署，继续坚定地推进户籍管理制度改革，落实放宽中小城市和小城镇落户条件的政策：在县级市市区、县人民政府驻地镇和其他建制镇有合法稳定职业并有合法稳定住所（含租赁）的人员，可以在当地申请登记常住户口；在设区的市（不含直辖市、副省级市和其他大城市）有合法稳定职业满三年并有合法稳定住所（含租赁）同时按照国家规定参加社会保险达到一定年限的人员，可以在当地申请登记常住户口；直辖市、副省级市和其他大城市人口规模继续合理控制，进一步完善并落实好现行城市落户政策。

2012年3月5日 中共中央政治局常委、国务院总理温家宝在《政府工作报告》中指出，要放宽中小城市落户条件，合理引导人口流向，让更多农村富余劳动力就近转移就业；加强对农民工的人文关怀和服务，着力解决农民工在就业服务、社会保障、子女入园上学、住房租购等方面的实际问题，逐步将城镇基本公共服务覆盖到农民工；加强流动人口计划生育服务管理。

附录二

2011 年全国流动人口基本情况

根据 2011 年各省（区、市）人口计生委统计数据，并依据 2005 年全国 1% 人口抽样调查、2010 年全国流动人口动态监测调查等相关数据估算，全国（不包括香港、澳门特别行政区和台湾省）流动人口[①]基本情况如下：

一、全国流动人口总数

2011 年 10 月 1 日零时，全国流动人口为 2.29 亿人，其中男性约 1.15 亿人，女性约 1.14 亿人（国家统计局公布数据，2011 年全国流动人口为 2.30 亿人）。

二、流向分布

跨省流入人口中，广东占 24.23%、浙江占 23.60%、上海占 12.68%、北京占 10.46%、江苏占 8.87%、福建占 6.97%，六省（市）跨省流入人口占全国总数的 86.81%。

跨省流出人口中，安徽占 18.40%、四川占 16.94%、河南占 10.81%、湖南占 9.94%、江西占 8.66%、贵州占 7.70%，六省流出人口占全国总数的 72.45%。

三、流动原因

以务工经商为目的的流动人口约为 1.56 亿人，因其他原因流动的人口约 7 280 万人。

四、育龄妇女总数

18～49 周岁女性流动人口约 8 293 万人，其中已婚育龄妇女约

① 流动人口统计口径：除去市区内“人户分离”人口后，现居住地与户口登记地不属于同一乡镇或者街道而且离开户口登记地时间超过半年的人口。

6 700万人。

五、跨省流动人口生育数

2011 年跨省流动人口在流入地生育子女 61.83 万人，其中男孩 33.05 万人，女孩 28.78 万人，出生人口性别比为 114.87。

六、计划生育服务管理情况

发放外出流动人口《婚育证明》2 184.79 万份，跨省流动人口持证人数为 1 086.10 万人。为跨省流入人口查环查孕 1 859.53 万例，落实免费计划生育手术 242.80 万例，办理一孩生育服务登记 43.40 万例。

附录三

2011年流动人口动态监测调查说明

2011年，国家人口计生委组织开展了两类流动人口动态监测调查。一是立足流入地，开展流动人口生存发展状况监测调查；二是立足流出地，开展生态脆弱、陆地边境、少数民族地区人口流动及其影响因素监测调查。

一、流入地调查

流入地调查是国家人口计生委组织的在流入地对流动人口进行的连续断面调查。2011年在全国范围内开展了一次抽样调查和5个专题调查，并在2012年春节前后分别组织了流动人口返乡意愿、返乡行为和计划生育服务管理满意度电话调查。

大调查按照分层、多阶段、与规模成比例的PPS抽样方法，在31个省（区、市）和新疆生产建设兵团随机抽取样本点。样本量分4个等级，最多的为10 000人（广东），其次为6 000人（江苏、浙江），再次为4 000人（其他24个省、区、市），最少为2 000人（吉林、西藏、青海、宁夏、新疆兵团）。调查覆盖31个省（区、市）和新疆生产建设兵团的410个地、县级单位，包括3 200个乡（镇、街道），6 400个村居委会（调查小区），每个村居委会调查20名流动人口。在村居委会内，以个人作为抽样单位，一个家庭调查1名16～59岁的在流入地居住1个月以上、跨县（市、区）流动人口。

实际调查劳动年龄流动人口12.8万人，涉及家庭成员30.2万人。调查内容包括人口学基本信息、就业、居住、子女教育与计划生育等公共服务情况，以及社会参与、心理感受状况等。调查结果对全国和绝大多数省（区、市）具有较好的代表性。

典型调查在抽样调查的监测点中选择部分地区开展。在18个省（区、市）的26个市、11县（市）分别开展了新生代、流动人口心理感受、社会融合、农村留守老人、少数民族等5个专题调查，实际调查2.2万人。

二、流出地调查

在内蒙古、吉林、黑龙江、广西、四川、贵州、云南、甘肃、青海、新疆等10省（区）的34个县，以及新疆生产建设兵团的3个团场，启动了生态脆弱、陆地边境、少数民族地区人口流动及其影响因素监测调查试点工作，主要调查人口流动对当地社会经济、资源环境的影响，共调查4.4万户，涵盖常住人口16.7万人。调查主要内容包括人口和家庭基本情况、人口流动迁移特点、留守家庭生存发展状况、当地人口社会经济和资源环境基本信息等。

附录四

2011年流动人口动态监测调查数据

2011年7月，国家人口计生委在全国31个省（区、市）和新疆生产建设兵团组织实施了流动人口动态监测调查。实际调查在流入地居住1个月以上，非本区（县、市）户口的16~59岁流动人口128 000人，涉及其在流入地家庭成员301 911人。本次抽样调查的结果对全国和各省有较好的代表性。

一、流动人口基本情况

（一）流动人口基本特征

全部流动人口中，男性占52.3%，女性占47.7%，平均年龄为27.3岁。0~14岁儿童占19.8%，15~59岁劳动年龄人口占79.7%，60岁及以上占0.5%。农业户口的占85.9%，非农业户口的占13.7%，其余0.5%户口待定。汉族占94.2%，少数民族占5.8%。劳动年龄流动人口平均受教育年限为9.6年。

（二）流动人口婚姻家庭

在16~59岁流动人口中，未婚的比例为18.4%，在婚的为80.8%，离婚和丧偶的为0.7%。流动人口在现居住地居住的家庭成员数平均为2.5人。夫妻一同流动的占在婚流动人口的85.2%；有子女的流动人口中，携带子女一同流动的占62.3%。

二、生存与发展

（一）就业与消费

16~59岁流动人口中，就业的比例为86.9%，操持家务的为8.6%，失业和“其他”的为4.5%。就业流动人口从事当前工作的平均时间为3.9年。

流动人口在制造业、批发零售业、住宿餐饮业和社会服务业就业的分别占37.4%、18.1%、9.9%和9.8%。66.2%的就业流动人口身份为雇员，自营劳动者为25.8%，雇主为6.6%，家庭帮工为1.4%。

雇员的平均月收入为2 535元。56.2%的雇员表示工资比2010年有所增加，34.5%表示没有变化，9.3%表示有所下降。流动人口家庭在流入地的人均月支出为1 029元，其中人均食品支出493元，住房支出261元，分别占总支出的47.9%和25.2%。

（二）权益保障

雇员平均每周工作6天，每天工作9.2个小时。有51.3%签订了固定期限的劳动合同，11.6%签订了无固定期限合同，30.7%未签订劳动合同。

31.8%的就业流动人口接受过政府、单位或专门机构组织的工作技能培训，失业流动人口接受过培训的比例仅为13.1%。

76.1%的流动人口至少享有1种社会保险（五险一金/户籍地低保/新农合）。69.4%的流动人口在户籍地和流入地至少享有1种医疗保险（城镇医保/新农合/医疗保险）。

（三）居住

流动人口在流入地的平均居住时间为4.9年，居住5年以上的占36.8%。

流动人口以租住私房为主，占65.3%；租住或免费居住单位/雇主提供住房的占19.8%，自购房/自建房的占9.0%，在就业场所居住的占3.8%，其他占2.1%。

三、计划生育及其服务管理

（一）生育状况

本次调查的35～49岁流动已婚育龄妇女，农业户籍的平均生育1.71个子女，非农业户籍的平均生育1.27个子女（可视为这些妇女的终身生育水平）。

（二）计划生育服务

在调查前一年内，流动育龄妇女在流入地接受孕情、环情服务全部免费的占94.4%，上/取环、绝育和人工流产手术服务全部免费的占67.8%，避孕药具服务全部免费的占98.2%。

附录五

2012年流动人口春节返乡意愿电话调查情况

国家人口计生委于2011年12月中旬进行了全国流动人口春节期间返回户籍地（简称返乡）意愿电话调查。为了保证调查的代表性，按照随机拨号与配额抽样相结合的原则，调查了在流入地居住1个月以上，非本区（县、市）户口的16～59岁流动人口10 000人，其中农村户籍的占83.2%。

一、65.4%农村户籍的劳动年龄流动人口已经或打算返乡过春节

2.7%农村户籍流动人口接受调查时已返乡，62.7%打算返乡过春节，两者合计，共有65.4%的受访者表示春节期间返乡。其中，省内流动的流动人口打算返乡过年的比例为63.9%，从西部地区流动到东部的流动人口只有53.8%打算春节期间返乡。在制造业就业的农民工打算返乡过春节的比例为71.6%。城市户籍的流动人口计划返回户籍地过春节的比例为62.6%。

1/3以上的流动人口（农村户籍34.6%，非农户籍37.4%）表示不打算在春节期间返回户籍地，绝大部分人表示将在现居住地过春节（打算去其他地方的比例不足3‰）。主要原因是："工作忙、假期短"（占36.3%），"回家路途远、花费高"（占19.3%），"目前同家人一起在流入地生活或老家已没有什么亲人"（占18.5%）。

二、预计2012年年初全国流动人口总量和分布格局变化不大

在已经返回户籍地或打算春节回去的流动人口中，94.6%表示春节后将返回现居住地。其中，27%计划在户籍地停留不超过一周，37.7%停留一周到半个月，35.2%停留半个月以上。

如果加上表示春节期间留在现居住地过节的，预计目前的流动人口有96.5%春节后仍将生活在现居住地。

3.5%不打算返回现居住地的流动人口中，56.7%计划"在家乡发

展”，14.2%想换一个城市，29.2%还没有下一步的打算。这些人中68.3%为“80后”新生代农民工。

三、珠江三角洲制造业企业春节后招收新员工的压力较大

全部被调查的流动人口中，有77.6%表示春节后“不想换工作”。有7%明确表示“想换工作”，加上3.5%不打算返回现居住地，合计约10.5%的流动人口春节后不打算回到目前的工作岗位；此外，8.3%表示“可能换工作”。

在制造业就业的流动人口“想换工作”的比例最高，为13.6%，东部地区该比例为14.6%，珠江三角洲地区达到18%。最近几年，不少地方春节后出现“招工难”、“民工荒”。本次调查的结果在一定程度上预示，2012年春节后在东部地区，尤其是珠江三角洲地区，制造业企业将面临较大的招工压力。

值得注意的是，“想换工作”的人中，由于“企业裁员或倒闭”的不足5%，绝大多数人（79%）是因为对目前的工作或收入“不满意，希望找一个更好的工作”，另有14%打算自己创业。调查显示，这些“想换工作”的流动人口在流入地工作时间较短（34%不足2年，23%为3~4年）；他们2011年的平均月收入为2 148元，低于流动人口平均收入水平约15%；“80后”新生代农民工占61.6%。

附录六

2012年春节后流动人口返回流入地电话调查情况

为了解2012年春节期间流动人口返回户籍地过节的意愿，国家人口计生委曾于2011年12月中旬对10 000人进行了电话调查。为进一步了解流动人口春节后返回流入地及就业变化的情况，2012年2月8～11日期间，国家人口计生委进行了电话追踪调查，本次共调查10 270名流动人口，按照随机拨号与配额抽样相结合的原则抽选调查对象，以保证调查的代表性，其中6 031人为春节前接受过电话调查的人员，4 239人初次接受电话调查。全部调查对象中农村户籍占82.8%。

一、96.3%的受访者回到（或留在）春节前的流入地

流动人口春节期间返回户籍地的比例为62.5%，农村户籍和非农村户籍的分别为62.9%和60.6%（与春节前的调查相比，分别低2.5和2个百分点）。在计划回家而实际未回去的451人中，25～44岁的占75.6%，未回去的最主要原因是“假期短或工作忙”。

全体受访者中扣除37.5%的春节期间留在流入地人员，51.9%的返乡人员调查时已返回春节前的流入地，还有6.9%计划几天内返回原流入地，合计96.3%的受访者回到（或留在）流入地。这个比例与春节前的调查结果（96.5%）非常吻合。其余3.6%人员中，“计划换一个城市”的占0.6%，“准备留在家乡发展”的占1.7%，“尚无明确打算”的占1.3%。

二、84.7%的流动人口仍在原岗位工作，稳定性高于春节前的调查

78.5%仍然在原来的岗位（部门）工作，还有6.2%表示即将返

回原工作岗位，两项合计，84.7%的受访者春节后仍将在原工作岗位。

9.5%的受访者表示“不会返回原岗位”，0.6%计划“换一个城市”，合计有10.1%的流动人口春节后将离开原工作岗位，其中“80后”占57%。

在春节前的调查中，表示“打算换工作的”（10.5%）与“可能换工作”的（8.3%）合计达18.8%，但这些原本表示要换工作的人，大多数（83.5%）春节后选择了留在原工作岗位。深入访谈发现，由于就业形势比较严峻，这些人不想主动放弃目前的工作岗位。尽管部分节前表示不换工作的人，节后却表示要换工作，总体计算下来，春节后“要换工作的人”比节前下降了8.7个百分点。总的来看，流动人口的就业态度趋向稳定。

从事建筑业的受访者中13.5%表示，不会回到原工作岗位。其次是住宿餐饮业和制造业，持同样态度的受访者比例分别为9.6%和9.5%。交通运输业和批发零售业想换工作的比例较低，分别为5.9%和5.5%。

三、海峡西岸“招工压力”较大

值得注意的是，春节期间珠江三角洲地区流动人口回家的比例低于其他区域，仅为60.8%（长江三角洲67.1%、环渤海63%、海峡西岸65.6%），而节后返回的，珠江三角洲地区最高，达到90.9%。珠江三角洲地区“招工压力”比节前的预计要好一些。与各经济带相比，海峡西岸地区的流动人口未返回的比例最高（12.8%），“想换工作”的比例最高（11.3%）。由此看来，海峡西岸地区春节后的“招工压力”最大。

图书在版编目(CIP)数据

中国流动人口发展报告.2012/国家人口和计划生育委员会流动人口服务管理司编.—北京:中国人口出版社,2012.5

ISBN 978-7-5101-0091-8

Ⅰ.①中… Ⅱ.①国… Ⅲ.①流动人口—研究报告—中国—2012 Ⅳ.①C924.24

中国版本图书馆 CIP 数据核字(2012)第 059905 号

中国流动人口发展报告 2012

国家人口和计划生育委员会流动人口服务管理司 编

出版发行 中国人口出版社
印　　刷 北京和谐彩色印刷有限公司
开　　本 787×1092 1/16
印　　张 14
字　　数 400 千
版　　次 2012 年 7 月第 1 版
印　　次 2012 年 7 月第 1 次印刷
书　　号 ISBN 978-7-5101-0091-8
定　　价 56.00 元

社　　长 陶庆军
网　　址 www.rkcbs.net
电子信箱 rkcbs@126.com
电　　话 (010)83519390
传　　真 (010)83519401
地　　址 北京市宣武区广安门南街 80 号中加大厦
邮　　编 100054